Höchste
Paarungszeit

Liebling & Schatz

Höchste Paarungszeit

Erotisches für Eltern
im Alltagschaos

Unter Mitarbeit des Paar- und Sexualtherapeuten
Bernhard Moritz

INHALT

Ein paar Worte vorab ... 6

Aus der Sicht des Therapeuten ... 8
Wenn Amors Pfeile stumpfer werden ... 9

Zwischendurch ... 24
Samstags? Einkaufen! ... 27
Mittagsmeeting ... 35
Zweites Frühstück ... 45
Stimmungswechsel ... 54
Stille Post ... 61
Sommer auf dem Balkon ... 74
Aus therapeutischer Sicht: Einladung zur Sinnlichkeit
   im Alltag ... 83

Kleine Katastrophen ... 87
Gefangen in der Liebesschaukel ... 89
Fahren Sie doch mal rechts ran! ... 99
Mit dem Onkel aus Amerika im Spaßbad ... 109
Dildos zu Schwertern ... 121
Die verpackte Lust ... 128
Paare, die auf Ziegen starren ... 136
Aus therapeutischer Sicht: Einladung zum
   „schamlos Unperfekten" ... 146

Große Abenteuer … 149
Tantra-Taumel … 151
Stunden im Stundenhotel … 158
Die Nacht der Masken … 168
Klick, klick, klick … 179
Let it swing … 188
2 + 2 = Wir … 198
Aus therapeutischer Sicht: Einladung zum erotischen
　neugierigen Aufbruch … 209

Ein paar Worte zum Schluss … 212

Anhang … 218
Spielanregungen vom Paar- und Sexualtherpeuten
　Bernhard Moritz … 218
Links und Adressen … 221
Wir danken … 223

EIN PAAR WORTE VORAB

Schuld ist nur das Tepidarium. Der Wärmeraum eines Tiroler Hotels, in dem wir Anfang 2012 einige Zeit damit verbrachten, eine Aufgabe zu lösen, die uns der Paar- und Sexualtherapeut Bernhard Moritz aufgegeben hatte: Ein Drehbuch für eine Daily Soap sollten wir verfassen, in der der Sex genau so sein sollte, wie wir ihn uns wünschen würden. Eigentlich war es ja eine journalistische Recherche für ein Reisemagazin. Dieses Tiroler Hotel bot damals nämlich gerade neu arrangierte Erholungsprogramme für gestresste und frustrierte Paare an, entwickelt und organisiert von Bernhard Moritz. „Honeymoon Refresh" hieß das Programm, und es setzte nicht nur journalistisch einiges in Gang: Auf den lauwarmen Bänken des Tepidariums entstand aus der Idee für ein Drehbuch die Idee für ein Buch. Für dieses Buch. Ein von uns gemeinsam verfasstes, erotisches Buch – von Eltern im Alltagschaos für Eltern im Alltagschaos. Denn wir stellten schnell fest: Es gibt viele Bücher über Eltern im Kontext von Geburt, Erziehung ... und Scheidung. Und es gibt viele Bücher über Erotik. Aber nur wenige über die Erotik von Eltern. Und ein solches wollten wir schreiben.

Wir, das waren und sind: Eltern im Alltagschaos. Wir sind keine schlauen Besserwisser, keine Psychologen oder Trennungsexperten. Wir sind seit 1995 miteinander verheiratet und haben zwei Kinder. Wir möchten aus Erfahrung erzählen und gern ein paar Tipps und Ideen weitergeben. Kann sein, dass wir manchen Lesern dabei zu konkret werden, zu explizit vielleicht oder zu intim. Aber Sex und

Erotik sind zu schön und zu wichtig für unsere Beziehungen, um unkonkret zu bleiben.

Um Missverständnissen vorzubeugen: Wie lieben unsere Kinder über alles, aber wir haben sie, weil wir uns lieben. Wir sind der festen Überzeugung, dass es sich lohnt, für eine Beziehung und für das gemeinsame Elternsein zu kämpfen, aber eben auch dafür, sich Platz für Abenteuer und Überraschungen zu lassen, weil wir im Familienalltag ohnehin schon so viel kontrollieren müssen.

Dieses Buch enthält eine Sammlung turbulenter, verspielter, frivoler, witziger Geschichten. Und dazu auch Gedanken und Ideen dazu, wie man wieder mehr Sex, Erotik und Spannung in die Beziehung als Eltern-Paar bringen kann. Die Geschichten, die wir erzählen, beruhen allesamt auf Erlebnissen; unseren eigenen oder denen von Freunden. Auch deshalb nennen wir uns – und unsere Protagonisten im Buch – Liebling & Schatz. Wir haben diese Namen gewählt, weil es zwei der beliebtesten Kosenamen in Deutschland sind. Wir wollen damit sagen: Unser Alltagschaos, unsere Erlebnisse und die unserer Freunde stehen für die vieler Eltern. Wir wissen, wie schwierig es ist, sich als Paar Freiräume zu sichern. Unser Buch ist also auch ein Appell, jede Gelegenheit zum Paarsein zu nutzen. Auch dazu, sich zum Sex zu verabreden und sogar pünktlich zu sein. Weil wir uns für alles Zeit nehmen: für die Arbeit, dafür, die Kinder von A nach B zu kutschieren, für Fernsehen, Freunde, Sport, Kino ... Also: Nehmen wir uns auch immer wieder einmal Zeit füreinander – für uns als Paar.

Wir freuen uns, dass auch der Paartherapeut Bernhard Moritz mit von der Partie ist: Er schrieb die folgende Einleitung für das Buch und ergänzt außerdem unsere Geschichten und Ideen am Ende jedes Kapitels mit einem wertvollen Blick aus therapeutischer Sicht auf unser Thema „Höchste Paarungszeit".

Viel Freude beim Lesen, Anstiftenlassen, Inspiriertwerden und gemeinsamen Ausprobieren wünschen Ihnen

Liebling & Schatz

AUS DER SICHT DES THERAPEUTEN

Das, was für viele Menschen der private Lebensalltag ist, ist für mich auch der berufliche: die Paarbeziehung. Die meisten Menschen, die zu mir kommen, benötigen Unterstützung beim Lösen des einen oder anderen Konfliktes. Doch manchmal habe ich Gelegenheit, dabei zu sein, wenn ein ganz besonderes Projekt Wirklichkeit wird – so wie dieses Buch. Daher lesen Sie hier eine kurze Einstimmung aus meiner Perspektive als Therapeut. Auch am Ende jedes der folgenden Kapitel habe ich einige Gedanken ergänzt. Ich wünsche Ihnen viel Freude beim Lesen!

Bernhard Moritz

Wenn Amors Pfeile stumpfer werden

Geschafft! Endlich den Lebensmenschen gefunden. Das Gefühl, es passt: Spaß am Zusammensein. Viele gemeinsame Interessen, Sichtweisen und Lebensziele. Der anfänglich noch feuchte Kleber der Zweisamkeit hat sich ausgehärtet. Das Fundament der Partnerschaft steht. Die Zukunft lässt sich miteinander bauen. Und die erotische Betriebstemperatur hat sich nach einer selbstverzehrend-glühend-heißen Phase auf eine wohlig-wärmend-lustvolle Nestwärme eingependelt, sodass im Bett oder anderswo an Kindern gebastelt werden darf.

Aus der freien, freiwillig gelebten Zweisamkeit entsteht so unversehens Elternschaft und damit Verpflichtung, Verlässlichkeit und Verantwortung für mehr Menschen als nur für sich und seinen Partner.

Doch der in lustvollen Nächten gezeugte „Sonnenschein" (man schaue sich in Zeitungen nur die Geburtsanzeigen an) entwickelt sich zunehmend zum kleinen, die Erotik und Sexualität verhindernden „Beziehungstaliban", der die Liebesbeziehung und die erotische Zeit von Mann und Frau durch seine „egoistischen Bedürfnisanschläge" ziemlich bedroht.

Alltag, eigene, berechtigte Selbstverwirklichungswünsche und das Navigieren zwischen Kita-Küche-Karriere tragen ebenso dazu bei, dass die Erotik, das Lustvolle sowohl bezüglich der Quantität als auch der Qualität immer weiter abnehmen.

Die meisten Elternpaare empfinden ihre Beziehung zwar als liebe- und rücksichtsvoll, doch was die Erotik und die Sexualität betrifft, sind sie hin- und hergerissen zwischen dem Gefühl eines liebevollen Miteinanders und der Unsicherheit, ob sie für den Partner überhaupt noch begehrenswert sind. Viele haben gerade noch so viel an Erotik und Sex miteinander, dass es eben noch zum Aushalten in der Beziehung reicht.

Natürlich würden wir es auch schwer aushalten, ständig von einem Hormonmix gesteuert zu sein, der enthemmend wirkt wie in den ersten Monaten des Verliebtseins. Das käme einem Zustand gleich, der sich am ehesten mit dem eines Kokssüchtigen vergleichen ließe: ständig aufgedreht, hyperaktiv, klarer Gedanken unfähig und absolut fremdgesteuert.

Diesen Zustand braucht es zwar zur Gründung einer Liebesbeziehung – denn wie sonst könnte an den Zauber der Einzigartigkeit, Einmaligkeit und der schicksalhaften Begegnung geglaubt werden. Doch nach der Intensität der ersten Wochen und Monate sehnt man sich irgendwann wieder nach Normalität, und aus dem Sekundenkleber der ersten Zeit wird ein wohldosiertes Bindemittel, das die emotionale wie erotische Sicherheit im Vertrauen aufeinander und im Intimen miteinander schafft. Man ist sich einander sicher und wiegt sich in Sicherheit für die kommenden Jahre. Das ist gut, Das ist wichtig. Doch das kann auch seinen Preis haben. Die Sexualität eines Paares kann sich im Laufe der Zeit entsprechend verändern, etwa so:

- Sex ist vertrauter geworden um den Preis, dass er auch berechenbarer und kalkulierbarer ist.
- Sex ist konsensualer geworden – oft so, dass er zum Sex auf dem kleinsten gemeinsamen Nenner[1] geworden ist.
- Sex ist orgasmuszentriert. Um den Preis, dass der Sinnlichkeit weniger Bedeutung beigemessen wird.
- Sex ist routinierter geworden. Er wird nicht mehr gefeiert, inszeniert und zelebriert.
- Sex ist planbar und vorhersehbar geworden. Deshalb ist er nicht mehr Neugier weckend und erweckend.
- Sex ist sicherer und beständiger geworden um den Preis, dass er nicht mehr als lebendig-begehrend erlebt wird.
- Sex ist zu einer zwar nicht einklagbaren, aber selbstauferlegten Pflicht geworden („Wir sind verheiratet, es gehört dazu. Mein Partner hat ja ein Recht auf Sex."): um den Preis, dass er nicht mehr als exklusives, gemeinsames Geschenk empfunden wird.
- Sex ist zur emotionalen Beruhigungspille („Ich mach es halt, damit ich wieder ein paar Wochen Ruhe habe.") oder zum „Handelsgut" für andere eheliche Wünsche („Wenn du dich mehr um unsere Kinder kümmern würdest, dann hätten wir auch wieder mehr Sex.") geworden. Er wird nicht als Ausdruck eines selbstbestimmten erotischen Selbstbewusstseins gelebt.

---

1 Ulrich Clement: *Systemische Sexualtherapie*. Klett-Cotta, 5. Auflage Stuttgart 2011.

Gefangen in den gegenseitigen Erwartungshaltungen, verplant mit Alltagskram, Job und dem Wunsch, den Kindern möglichst viel zu bieten, damit sie Chancen und Möglichkeiten für ihr Leben haben, haben viele Elternpaare die Erotik miteinander auf ein Nebengleis ihrer Beziehung verschoben, haben keinen Zugang mehr zur eigenen und zur partnerschaftlichen Erotik und Sexualität oder haben es verlernt, ihre Bedürfnisse als erotische Wesen zuzulassen und diese auch aktiv einzufordern, lebendig zu halten und auszuleben.

Und plötzlich zeigt sich eine in scheinbarer Harmonie zertrümmerte erotisch-sinnliche Beziehung, die früher unverwüstlich und ewig stabil schien. Was ist da bloß passiert?

Um Beziehungen ranken sich eine Menge Mythen. Diese Mythen sind anfangs beziehungsstiftend und deshalb wertvoll. Sie haben aber einen Haken: Bei vielen Elternpaaren hoffen beide, dass der jeweils andere das eingeschlafene Begehren wachküsst. Doch in einer Beziehung geht es nicht darum, alte Mythen wiederzubeleben. Sondern es geht darum, sich miteinander zu entwickeln. Aus den Mythen der Verliebtheitsphase, die mit der Zeit verblassen, müssen immer wieder neue, die Liebesbeziehung belebende Impulse entstehen. Aus dem Mythos des „Miteinander-eins-Werdens" entwickelt sich ein erotisches Bekenntnis. Vom Mythos des „immerwährenden Begehrens" gelangt man zur mutigen, riskanten Einladung. Aus dem Mythos, „erotisch 100-prozentig zueinander zu passen", entfaltet sich ein individueller Ausdruck der eigenen Sexualität als Paar. Der Mythos der Ziel- und Leistungsorientierung wird überwunden – und das Paar lernt, eine ziellos-lustvolle Zeit zu genießen … Wie das gelingen kann, dazu möchte ich Sie auf den folgenden Seiten inspirieren.

Vom Mythos des „Miteinander-eins-Werdens" zum erotischen Bekenntnis

Am Beginn der Liebesbeziehung wird die Sehnsucht danach erfüllt, mit einem anderen Menschen eins zu werden. Wir erleben uns als vollkommen, weil wir eins sind mit dem anderen. Und wir hoffen, dass das punktuelle Versprechen, als „eins" miteinander durchs Leben zu gehen und als zukünftige Eltern Leben zu schenken, ewig andauern wird: bis dass der Tod uns scheidet.

Das mag für romantische Liebesschnulzen auf der Kinoleinwand reichen – Länge maximal 100 Minuten –, für ein gemeinsames auf Dauer angelegtes Beziehungsdrehbuch reicht es aber bedauerlicherweise nicht aus. Ehen fußen auf mehr als einem einmalig vor Zeugen gegebenen Versprechen. Ehen leben heute von einem laufend neu zu proklamierenden, klar ausgedrückten Bekenntnis: dem Bekenntnis zur Alltagstauglichkeit, die auch in der Lage ist, Probleme und Defizite zu managen. Dem Bekenntnis zur gemeinsamen Elternschaft, die, getragen von gemeinsamen Werten, die individuellen Talente und Kompetenzen in der Erziehung leben lässt. Dem Bekenntnis des erotischen Begehrens und der wertschätzend gepflegten, erotisch-lustvollen Neugier auf sich selbst und den Partner.

So entgehen Sie der Falle

Es braucht das deutliche Bekenntnis zur erotisch-sexuellen Beziehung; kein Lippenbekenntnis, sondern ein „Wieder-Coming-out" als Ausdruck einer Haltung gegenüber dem Partner, das spürbar, erlebbar und erfahrbar ist. Der Partner muss erfahren: *Ich will Sex mit dir, weil ich dich immer noch und weiterhin als Mann/Frau attraktiv, erotisch, erregend finde.*

Es braucht die Neubelebung einer intimen, sinnlich-erotischen Sprache. Teilen Sie einander mit: *Ich will Sex mit dir, weil deine Gegenwart bei mir erotische, lustvolle Gedanken auslöst, die ich dir mitteilen will, weil wir so auch im Alltag uns unsere exklusive Sinnlichkeit zum Ausdruck bringen können.*

Es braucht Zeichen, Handlungen und Taten, die das erotische Begehren zum Ausdruck bringen. Der Partner muss wissen: *Ich will Sex mit dir, weil ich deinen Körper attraktiv, berührens- und begehrenswert finde, weil ich dich gern rieche und schmecke – und weil ich dir das auch zeigen will.*

⌐ Aus der Praxis

Während einer Sexualtherapie spielt die Neugründung der erotischen Liebesbeziehung eine entscheidende Rolle für das Gelingen. Es ist wichtig, sich immer wieder bewusst zu fragen: Was hat mein Partner am Beginn der Beziehung in seinem erotischen Schaufenster gehabt, in das ich mich verliebt habe? Was hat mich erotisch angesprochen, erotisiert? Was von dem, was mich damals erotisch gefangen hat, ist heute noch da (vielleicht in anderer Form)? Wann hat mein Partner das letzte Mal von mir gespürt oder gezeigt bekommen, dass er für mich in dem Moment ausschließlich ein erotisches Wesen ist?

Einer der wesentlichsten Schritte zur Neugründung der erotischen Liebesbeziehung ist es, sich für ein erotisches Bekenntnis zueinander zu entschließen, es (wieder) zu entdecken und zu zeigen. ⌐

Vom Mythos des „immerwährenden Begehrens" zur mutigen, riskanten Einladung

Am Beginn einer Liebesbeziehung herrscht die wohltuende, als positiv empfundene Respektlosigkeit, die dem Begehren innewohnt: Keine Minute, die man unberührt sein möchte. Keine gemeinsame Zeit ohne körperliche Nähe. Kein Miteinander ohne herzlich-lustvolle Zweideutigkeiten. Doch jedem Anfang wohnt bekanntlich nicht nur ein Zauber inne, sondern immer auch ein Ende.[2] Eingekehrt im Alltäglichen verlieren Erotik und Zweisamkeit an Exklusivität und Wollen. Zu häufig gab es möglicherweise Abweisung auf ein ohnehin schon nicht allzu deutliches Signal auf Lust und Sex. Zu deplatziert war die Einladung auf einige sinnliche Minuten zwischendurch. Zu

---
2 Hermann Hesse: *Stufen*. Suhrkamp, 18. Auflage Frankfurt 1994.

hoch waren die Erwartungen an eine knisternde Zweisamkeit. Zu aufwendig und mühevoll war die Realisierung so manchen erotischen Gedankens, sodass man ihn sofort wieder verworfen hat. Zu unattraktiv hat sich der Partner letztlich einem gezeigt, als dass es sich lohnen würde, sich selbst aus dem Alltag herauszuschälen für die mehr oder weniger qualitativ lausige wöchentliche oder gar noch seltenere Aufführung, die das Beziehungsprogramm bietet.

Die Sinnlichkeit ist dem mehr oder weniger befriedigenden Vollzug gewichen. Damit können viele Elternpaare recht gut leben. Zumindest wird in vielen Beziehungen diese Veränderung akzeptiert – besonders dann, wenn Beziehungswerte wie Alltagstauglichkeit und gemeinsame Elternschaft als Basis der Beziehung miteinander als tragfähig erfahren werden und der Anspruch nach erfüllter Erotik und Sexualität von beiden in der Priorität eben nicht an vorderster Stelle steht.

Problematisch für Elternpaare wird es dann, wenn nach einer intensiven Elternschaft so langsam wieder die Neugründung der erotischen Liebesbeziehung möglich wäre, wenn sich wieder ein paar mehr Gelegenheiten böten, ab und an der Vater- beziehungsweise Mutterrolle zu entfliehen, und man sich wieder dem erotisch weiblich-männlichen Begehren zuwenden könnte.

Die Sehnsucht, sich wieder begehrt und begehrend zu erleben und zu erfahren, ist meist groß. Dennoch fehlt es vielen Ehepaaren an der Kompetenz und der Investitionsbereitschaft, ihre beidseitig vorhersehbare erotische Dramaturgie an der einen oder anderen Stelle zu verändern und damit Neues, Überraschendes, Ungewohntes zu wagen. Dabei ist das nicht allzu schwierig, es ist nur so, dass das, was früher selbstverständlich war, nun Kreativität verlangt. Was früher von selbst funktionierte, verlangt nun Entscheidung.

So entgehen Sie der Falle
Es braucht den Mut, die lähmende Rücksichtnahme aufeinander in Frage zu stellen und den Wunsch nach Sex anzumelden: *Ich will Sex*

mit dir, weil ich mein Begehren, meine Lust und Geilheit auf dich zeigen will und dich dazu einladen will.

Es braucht die Risikobereitschaft, sich auf das Ermöglichen einzulassen. Die vielen guten Gründe, warum es jetzt gerade nicht geht, beiseite zu schieben und einfach ohne perfekte Erwartungen an sich und den anderen wieder erotisch miteinander zu spielen: *Ich will Sex mit dir, weil für mich Erotik und Sex mit dir wertvoll ist und ich diesem Wert Zeit und Raum geben will.*

Es braucht die Bereitschaft, sich als liebens- und begehrenswertes Wesen zu zeigen und diesem Wesenszug einen Stellenwert im Alltag zu geben und dem Partner mitzuteilen: *Ich will Sex mit dir, weil ich mich für dich begehrenswert zeigen will und ich mit dir diesen Anteil an mir bewusst pflegen und ausleben will.*

Aus der Praxis

Im Stadium der Verliebtheit sind die meisten Menschen bereit, sehr viel über sich zu erzählen, und die Worte des anderen werden förmlich vom Partner aufgesogen. Dieses persönliche Reden geht vielen Paaren im Laufe der Beziehung verloren. Zum einen vermitteln wir uns gegenseitig das Gefühl, dass es Wichtigeres gäbe und der Austausch von Sachinformationen genügen müsse. Zum anderen haben wir oft gar keine Vokabeln mehr, die unseren Zustand von Sinnlichkeit, Begehren und Lust ausdrücken. Wir haben es mit der Zeit schlichtweg verlernt, erotisch-sinnlich miteinander zu sprechen.

Die sinnlich-erotisch-intime Sprache mit ihren Geheimcodes und ihren für andere unverständlich oder harmlos klingenden Umschreibungen ist wesentlich für das exklusive erotische Miteinander eines Paares.

Es ist deshalb wichtig, sich zu fragen: Wissen Sie wirklich voneinander, wie Sie berührt und erregt werden wollen, und haben Sie Ihrem Partner das auch tatsächlich schon einmal gezeigt und vorgemacht? Haben Sie Lust, Ihrem Partner zuzuschauen, wie er sich verwöhnt und damit auch gleichzeitig Ihnen zeigt, wie er verwöhnt werden will? Haben Sie Lust, sich am Partner zu erregen – und auch Ihrem Partner als „Lustobjekt" zu dienen? Haben Sie Freude daran, es sich von Ihrem Partner „machen zu lassen"?

Eine erotisch-sexuelle Beziehung wird dann wieder lebendig, wenn sich beide einander in einladender Weise zeigen. Wenn beide Partner Freude verspüren, sich lustvoll vom anderen „benutzen zu lassen", beziehungsweise zeigen, dass sie den Partner für die eigene Lust benutzen möchten.

Vom Mythos, „erotisch 100-prozentig zueinander zu passen", zum individuell-sexuellen Ausdruck

Anfangs ist alles, was man sich erotisch anbietet und vom Partner geschenkt bekommt, willkommen, interessant, attraktiv, erotisierend, erregend... Und selbst wenn man doch einmal mit einem Wunsch auf Ablehnung stößt, ist es kein Problem: Denn der erotische „Werkzeugkoffer", den beide Partner mitbringen und mit dessen Hilfe sie einander entdecken, ist am Beginn der Beziehung gut gefüllt. Die Zurückweisung eines erotischen Wunsches wird deshalb nicht als kränkend erlebt, vielmehr sind die Partner überzeugt, sexuell zueinander zu passen.

Doch mit zunehmender Dauer der Beziehung entwickeln viele Paare – im Zuge einer gut gemeinten gegenseitigen Schonung – eine „harmonische" Sexualität, die zunehmend als unkreativ und langweilig empfunden wird. Befriedigung und Vollzug werden im Verlauf der Beziehung wichtiger als lustvoll-sinnliches Erleben. Daraus entsteht mit der Zeit eine Diskrepanz zwischen dem Sex, den man sich wünscht, und dem, den man tatsächlich lebt.

So entgehen Sie der Falle

Um gemeinsam einen individuellen Ausdruck der Beziehung zu entwickeln, braucht es die Haltung der erotischen Neugierde, um ein positives Grundgefühl des Begehrens und der Begehrlichkeit auszustrahlen und dafür auch wieder empfänglich zu werden. So kann der Partner spüren: *Ich will Sex mit dir, weil ich auf deine erotisch-sexuellen Gedanken, Ideen und Wünsche neugierig bin und dir mehr zutraue als das, was ich bisher und derzeit mit dir erlebe.*

Es braucht die Entwicklung eines erotischen Selbst-Bewusstseins, um aus einer erotisch-unattraktiven, passiven Haltung auszusteigen und sich als sexuell selbstbewusst zu zeigen: *Ich will Sex mit dir, weil ich mich selbst als „sinnlich-erotischer Feinkostladen" sehe und nicht als erotisch-sexuelles Discount-Angebot, das sich jede Woche mit einem Sonderangebot ins Gedächtnis rufen muss.*

Es braucht die Lust und Freude, sich selbst immer wieder Erotik und Sinnlichkeit zu schenken und aus dieser Haltung heraus auch individuelle Einladungen an den Partner zu schicken. So erfährt der Partner: *Ich will Sex mit dir, weil ich dir gerne zeige und dich miterleben lassen möchte, auf welche Art mir Erotik und Sinnlichkeit Lust bereiten.*

Es braucht die Einsicht, dass der Partner nur für einen Teil des individuellen erotischen Profils zuständig ist und dies auch erfüllen kann: *Ich will Sex mit dir, weil ich mich bewusst entschieden habe, dass ich einen Teil meiner Erotik und Sexualität nur mit dir leben und erleben will.*

Es braucht die Bereitschaft, sich vom Vorurteil zu verabschieden, man wüsste ja sowieso ganz genau, was der Partner will. Denn nur so kann man die Chance auf Neues und Anderes schaffen, um den eigenen Wünschen und jenen des Partners wieder Raum zu geben: *Ich will Sex mit dir, weil ich mich erotisch-sexuell weiterentwickeln und entfalten will, ich davon ausgehe, dass du ebenfalls deine sexuelle Fortentwicklung pflegen möchtest und ich das gern mit dir gemeinsam erleben und erfahren will.*

Aus der Praxis

Was ist normal? Diese Frage stellen (sich) Paare häufig, wenn es sowohl um die Häufigkeit sexueller Begegnungen als auch um Neigungen und Vorlieben geht. Was Paare suchen, ist letztlich Gewissheit über die Norm – und damit das Gefühl, in der Norm zu sein; als Beweis für die Liebesbeziehung, als Argument gegen oder als Rechtfertigung für ihre sexuelle Situation.

Sexualität ist ein individueller und andauernder Prozess der Veränderung und des Sich-einander-Anpassens. Was früher Spaß gemacht hat, ist heute fad, was früher abgelehnt wurde, wird zur Vorliebe... Die erotisch-sexuelle Frequenz ist ebenso Schwankungen unterworfen wie der Grad der Liebe. Fakt ist allerdings: Von selbst wird alles weniger.

Hinzu kommen individuelle Bedürfnisse und Grenzen: Nicht alles, was der Partner möchte, möchte ich mit ihm leben. Nicht mit jedem Partner möchte ich jede meiner Neigungen leben.

Auch die Erfahrungen und die sexuelle Neugier jedes einzelnen Menschen sind sehr individuell: Je größer die Lust, sich seiner erotischen Kompetenz bewusst zu werden und diese auch für sich zu pflegen, umso selbstbewusster stehe ich den Wünschen und Ideen meines Partners gegenüber. Der Wert, den ich mir, meiner Erotik und der Erotik des Partners gebe, bestimmt die Qualität und die Quantität des erotischen Miteinanders. Sex zu haben heißt letztlich, ihm in der Beziehung und im Alltag eine Bedeutung beizumessen. Dafür muss man sich fragen: Hat Erotik und Sex einen eigenen und sichtbaren Stellenwert in der Beziehung? Inwieweit haben Erotik und Sex einen Platz in der Beziehung, der auch eingeräumt, geplant und geschützt wird? Wie ausgeprägt sind die Spielfreude und das Erkunden der eigenen und der partnerschaftlichen Sexualität in der Beziehung? Welchen Platz haben individuelle Kreativität und Inspiration im erotischen Miteinander? Wie bejahend, ermutigend und positiv werden Impulse der Veränderung, Weiterentwicklung der partnerschaftlichen Sexualität angenommen?

Die Neugründung und das Wiedererwecken des erotischen Miteinanders werden dann wieder freud- und lustvoll, wenn Neugier, Lust und Spielfreude in der Erotik einen Platz haben und vom Partner positiv gesehen werden.

Vom Mythos der Ziel- und Leistungsorientierung zur ziellos-lustvollen Zeit

Vorspiel, Höhepunkt, Nachspiel, runterholen, Blowjob, zum Orgasmus bringen, besorgen ..., betrachtet man diese Worte genauer, so steckt in vielen Begriffen rund um den Sex eine gewisse Vollzugs- und Zielorientierung.

Man muss es im Bett bringen. Man muss es dem anderen besorgen. Man wünscht sich, befriedigt zu werden. Und wie passt es: Das Vorspiel ist zu lang oder zu kurz, der Höhepunkt zu früh erreicht oder zu spät... Die meisten Paare ordnen den Sex – so wie vieles andere im Alltag – den Kriterien der Leistungsgesellschaft unter. Können, es bringen, öfter kommen ..., all das wird als Zeichen für Potenz gesehen, aber auch als „genormt" und „normal". Sex kann danach nur mit voller Leistungsbereitschaft vollzogen werden und befriedigend sein.

Doch genau dieser Anspruch und diese (selbstauferlegten) Vorgaben sind auf Dauer absolute Lustkiller und damit die beste Voraussetzung, dass schließlich gar nichts mehr passiert. Versagensängste und Erfüllungsstress auf beiden Seiten stehen dem Wunsch nach Innigkeit und Erotik bald im Weg.

So entgehen Sie der Falle

Es braucht einen erotischen Paradigmenwechsel, der nicht den Vollzug und die Befriedigung als oberstes Ziel hat, sondern die Freude und den Spaß an einer lustvoll verspielten Zeit ohne Leistungszweck und Erfüllungsauftrag: *Ich will Sex mit dir, weil ich ziel- und zwecklos lustvolle Zeiten mit dir genießen will.*

Es braucht das Bekenntnis, dass Sex in erster Linie als lustvoll-spielfreudiges Miteinander erlebt werden darf, ohne dass dahinter eine Leistungshaltung an mich selbst oder eine Erwartungs- und Erfüllungshaltung an den Partner steht. Er darf wissen: *Ich will Sex mit dir, weil ich gern mit dir spiele und mir an dir meine Lust holen darf beziehungsweise dadurch und durch dich erregt werde, wenn du dir an mir deine Lust holst.*

Es braucht bei beiden Partnern die Haltung, Sex und Erotik nicht als Zweck einer Beziehung zu sehen, sondern das sexuelle Miteinander sowohl als individuelle wie auch als gemeinschaftliche Ausdrucksform der Beziehung wahrzunehmen. Der Partner darf wissen: *Ich will Sex mit dir, weil das, was ich mit dir gern beim Sex mache und erlebe, ein individueller und exklusiver Ausdruck meiner Beziehung zu dir ist.*

Es braucht die Bereitschaft, als Paar vorurteilslos miteinander zu spielen, wobei das Ziel dieses Spielens nicht in erster Linie die Befriedigung ist, sondern lustvoll zu sein und einander das auch lustvoll zu zeigen. Der Partner darf dabei erleben: *Ich will Sex mit dir, weil ich Spaß daran habe, mit dir erotisierend zu spielen, und mir die Leichtigkeit Freude macht, mit der wir miteinander und aufeinander erregt sind.*

Es braucht die Wertschätzung von Erotik, die sich darin ausdrückt, dass beide Partner egagiert dabei sind, sich gemeinsam Zeiten und Räume dafür zu schaffen, zu organisieren, zu planen, zu pflegen. Der Wert, den man der gemeinsamen Erotik beimisst, zeigt sich auch darin, dass auf alternative Tätigkeiten oder Möglichkeiten – die es immer gibt – bewusst verzichtet wird: *Ich will Sex mit dir, weil ich mir und dir die lustvolle Zeit miteinander gönne und ermögliche. Und zwar nicht nur dann, wenn ich zufälligerweise gerade scharf auf dich bin.*

Aus der Praxis

Paare wünschen sich vom Therapeuten technische Lösungen für emotionale Probleme. Denn leistungssteigernde Mittelchen oder andere technische Lösungen helfen nur bei nicht-emotionalen Ursachen – nicht jedoch gegen emotional bedingte Lustlosigkeit. Pillen, ein Koffer voller Sexspielzeug oder eine variantenreiche DVD-Sammlung nützen wenig bis gar nichts, wenn Paare ein inneres Bild von Sexualität haben, das mit Leistung, Erfolg und Potenz assoziiert wird. Denn dann steht selbstauferlegter Erfüllungs- beziehungsweise Erwartungsdruck hinter dem Sex – der damit unattraktiv wird.

Eine lustvolle Beziehung fördern diese fixen Vorstellungen nicht. Vielmehr helfen hier Bilder der Sinnlichkeit, der Langsamkeit, der Entschleunigung und der Innigkeit. Gehen Sie dafür auch wichtigen Beziehungsfragen auf den Grund: Welchen Stellenwert, welche Bedeutung hat Sex für mich und in meiner Beziehung? Wofür steht, wozu dient der Sex in meiner Beziehung? Welche lustvollen und nicht leistungsorientierten Bilder und Wünsche habe ich, wenn ich an meinen Partner denke?

Versuchen Sie einmal, die klassischen Begründungen dafür, weshalb man gemeinhin Sex miteinander haben will, außer Acht zu lassen (Befriedigung, Bestätigung, Liebe, ...). Was wären dann einfach gute Gründe? Was brauche ich, um in eine erotische Stimmung zu kommen; wie könnte mir mein Partner dabei behilflich sein?

Welche Voraussetzungen (räumlich, zeitlich) und welches Ambiente erlauben es mir, vom Alltagsmodus in den begehrenden beziehungsweise begehrten Modus meines erotischen Ichs zu gleiten? Welche erotischen Wünsche könnte ich mir vorstellen, mit meinem Partner auszuprobieren und ihn dazu einzuladen?

Geschichten als erotische Impulse

Egal ob Partner miteinander reden, sich austauschen, sich erinnern oder in die Zukunft blicken – die Qualität einer Liebesbeziehung erkennt man daran, ob ein Paar in der Lage ist, sein Zusammensein als bunte Sammlung miteinander erlebter Geschichten zu begreifen und diese sich und anderen auch zu erzählen. Dies gilt umso mehr für die Lebendigkeit in einer erotisch-sexuellen Beziehung. Die Geschichten des gemeinsam Erlebten und die Vorstellung vom noch zu Erlebenden – sie machen die Liebesbeziehung spannend und attraktiv.

Erotische Geschichten wirken, wenn es um die Neugründung oder Wiederbelebung der Erotik und Sinnlichkeit geht. Sie wirken, weil sie uns dazu einladen, auf eine Reise in Erinnerungen, neue Welten, neue Themen aufzubrechen. Und weil sie eigene Wünsche und Fantasie ansprechen, neue Impulse und Ideen in die gemeinsame Erotik bringen und Mut machen, das eine oder andere auch selbst auszuprobieren.

Erotische Geschichten wirken, weil sie Erotik und Sexualität auch ein wenig enttabuisieren, uns aus der Schonhaltung der Harmonie herausführen und uns zum „kleinsten möglichen Übergriff" ermuntern, der vielfach von Erfolg gekrönt ist.

Die kleinen Erlebnisse und erotischen Szenen in diesem Buch erzählen von geglückten und missglückten Versuchen eines erotischen, lustvollen und auch begehrenden Miteinanders zwischen beruflichen Anforderungen, individuellen Bedürfnissen, Ehealltag und Familie.

Die Geschichten in den Kapiteln „Zwischendurch", „Kleine Katastrophen" und „Große Abenteuer" zeigen, dass es möglich ist, trotz hemmender Rahmenbedingungen der partnerschaftlichen Erotik und Sexualität Raum, Zeit und damit auch Wert zu geben.

Sie sind in ihrer Unterschiedlichkeit ein Plädoyer dafür, miteinander dranzubleiben und aufeinander neugierig zu bleiben. Vor allem aber sind sie auch eine ermutigende Einladung, sich nicht von Kindern, Eltern, Freunden, Kollegen ... die eigene Lust und gemeinsame

Sexualität vergällen zu lassen, einer erotischen Norm zu entsprechen oder sich in passiver Erwartung an den Partner zu begnügen.

Die Geschichten verstehen sich als erotische Impulse, die Sie verführen sollen, sich neu, anders, ungewöhnlich ... zu entdecken, einander wieder zu begegnen, sich auf die Sinnlichkeit besinnend zur Neugründung der erotischen Beziehung einzulassen ... kurz: Sie möchten als „gedankliche Schuhlöffel" für den Aufbruch zu einer sinnlich-erotischen Wanderung in die Zweisamkeit anspornen.

ZWISCHENDURCH

Sex ist die schönste Nebensache der Welt, heißt es. Neben Fußball natürlich. Jede Frau kann „multiple Orgasmen" haben, versprechen vielseitige Frauenmagazine. Ein Mann kann immer, erklären potente Männermagazine. Das allein ist schon Anspruch genug. Für Eltern aber stellt sich vor allem die Frage: *Wann* ist überhaupt Zeit für die schönste Nebensache der Welt? Wann bitteschön finden Eltern in ihrem Alltagschaos ausreichend Platz dafür? Denn Frau soll – nachdem sie Mama geworden ist – den Wiedereinstieg in den Beruf nicht verpassen. Und diesen selbstverständlich auch noch mit ihrem Engagement für die Familie vereinbaren. Und Mann, eben auch Papa geworden, darf im Job nun ordentlich ranklotzen, nachdem er zwei Monate seiner Karrierezeit der Elternzeit geopfert hat.

Später dann, wenn die Kinder größer sind, Mama sich mit inzwischen artistischer Sicherheit im Spagat zwischen Arbeit, Haushalt, Familie bewegt und dabei stets sämtliche Familienbedürfnisse zu befriedigen weiß, ist sie immer noch nicht multiorgasmusfähig geworden. Und Papa? Hat in seinem unermüdlichen Eifer, genügend Geld für die verwöhnten Mäuler nach Hause zu bringen, versäumt, an seiner sexy Optik und nimmermüden Potenz zu arbeiten.

Natürlich klingt das alles ziemlich stereotyp, aber es ist allemal typisch. Auch wir sind Eltern im Alltagschaos. Auch wir finden kaum Gelegenheit, uns als Paar wahrzunehmen, geschweige denn, uns als Paar zu zelebrieren. Weil der Tag viel zu früh beginnt. Weil die Kinder allmorgendlich früh in die Schule müssen. Weil Papa und Mama in die Arbeit fahren und obendrein einfach viele Dinge zu erledigen haben. Weil der Nachmittag aus Taxidienst besteht, aus Hausaufgaben überprüfen, Schulstoff abfragen, aus Schimpfen, Loben, Streit schlichten und Tränen trocknen ... bis in den Abend hinein. Schließlich endet der Tag dann auch spät. Weil nach dem allabendlichen Pflichtprogramm vielleicht noch zusätzliche Abendtermine anstehen, der Elternabend oder eine berufliche Besprechung, weil vielleicht sogar eine Stunde im Fitnessstudio oder – selten genug – sogar mal ein Konzert-, Restaurant- oder Kinobesuch im Terminkalender stehen. Ach ja, dazwischen ist auch noch das bisschen Haushalt zu erledigen.

Also: Wo bleibt da Zeit fürs Paarsein? Wo, verdammt noch mal, ist zwischen all diesen Dingen Platz, sich gar als Liebespaar zu fühlen, begehrt, verführt, sinnlich? Man ist oft erschöpft und gereizt – und gewöhnt sich schließlich an ein Leben ohne Sex.

Doch manchmal flackert sie dann auf, die Leidenschaft, die Lust ... die Erinnerung an die wilde, hemmungslose Hingabe, damals in den Zeiten des frischen Verliebtseins. Und plötzlich möchte er oder sie oder möchten gar beide zugleich Sex haben. Aber wie sollen Eltern es anstellen, sich nach so langer Zeit unfreiwilliger Enthaltsamkeit einander wieder körperlich zu nähern?

Es stimmt: Im Familienalltag werden Erotik und Sex in der Beziehung seltener. Aber so banal es auch klingt: Der Appetit kommt beim Essen. Tatsächlich. Wirklich. Total ehrlich. Und: Gelegenheit macht Liebe. Sex muss nicht immer im großen Stile zelebriert werden, um beiden Spaß zu machen. Es sind die kleinen Momente des Lebens, die plötzlichen Gelegenheiten, die sich bieten, in denen wir uns unserer Rolle als Mama und Papa auf die Schnelle entledigen, um in die Rollen von Liebhabern und Verführern zu schlüpfen.

Sich immer wieder mal auf eine unerwartete Situation einzulassen gehört dazu. Ebenso auch, sich immer wieder einmal zum Sex zu verabreden – Vorfreude ist etwas Wunderbares. Und im besten Fall ist sie so groß, dass es uns gelingt, auch mal über unseren

Schatten zu springen: Denn was passiert beispielsweise, wenn Frau Lust hat, sich auf den Abend freut ... – aber Mann ziemlich genervt nach Hause kommt und ihm der Kopf so gar nicht nach Liebesnacht steht? Das Schlimmste wäre, sich persönlich beleidigt zu fühlen, das Schönste, ihn ganz nebenbei dorthin zu bekommen, wo man ihn haben will (wie in unserer Geschichte ab Seite 54).

Für dieses Kapitel, das wir „Zwischendurch" nennen, haben wir sechs erotische Geschichten zusammengetragen – alle basieren auf Erlebnissen; unseren eigenen oder denen von Freunden. Es sind Geschichten, die animieren und anregen. Geschichten, die erzählen, wie Frau Liebling und Herr Schatz diese kleinen, kostbaren Momente beim Schopf packen. Gelegenheiten dazu gibt es mehr als genug. Und: Jede Geschichte haben wir noch mit ein paar Tipps ergänzt, falls Sie auf den Geschmack gekommen sind, die Gelegenheiten zwischendurch häufiger beim Schopfe zu packen.

Nur Mut, greifen Sie zu! Genießen Sie es, wenn aus kleinen Gelegenheiten süße Geheimnisse werden! Entlocken Sie dem Alltag Erotisches!

Samstags? Einkaufen!

Die Frühlingssonne ließ es ahnen: Die Kälte konnte nicht mehr zurückkehren. Dafür brachen schon zu viele Frühlingsblumen aus der Erde, in Gärten und Parks, überall lugten sie hervor. Alles war Aufbruch. Die Leute hatten sich hübsch gemacht, sie redeten, lachten, genossen.

Frau Liebling und Herr Schatz schlenderten über den Markt. Volle Tüten und Körbe trugen sie am Arm, gefüllt mit Köstlichkeiten, die sie heute Abend bei einem großen Tapas-Essen servieren wollten. Endlich wieder einmal sollten alle Freunde zusammenfinden, die Kinder bei Großeltern, Großgeschwistern oder Babysittern untergebracht.

„Hast du die Pimientos, Herr Schatz?"

„Klar. Hast du denn an die Boquerones gedacht, Frau Liebling?", fragte Herr Schatz zurück. Seit Anbeginn ihrer Beziehung haben sich beide nur mit ihren Kosenamen angesprochen. Irgendwann begannen aber auch die Freunde, vor allem neue Freunde, sie bei diesen Namen zu nennen.

Natürlich hatte sie an die Boquerones gedacht. Sie gönnten sich noch einen kleinen Weißwein im Stehen, in der Weinhandlung, in der sie noch schnell ein paar Flaschen Schaumwein besorgt hatten. Sie liebten diesen ersten Schluck, den sie sich manchmal am Samstag um diese Uhrzeit gönnten. Es machte sie für einen Moment glauben, wieder ganz jung und unabhängig zu sein. „Lass uns zurückgehen und langsam anfangen, alles vorzubereiten. Es ist so viel zu tun!", meinte Frau Liebling. „Außerdem haben die Kinder noch nichts gegessen. Ich habe ihnen Bratwürste versprochen, bevor sie verschwinden."

„Oh, stimmt. Die Rasselbande habe ich glatt für einen Moment vergessen", erwiderte Herr Schatz grinsend und rückte seine Brille zurecht. „Wie konnte das nur passieren!", raunte er gespielt entrüstet über sich selbst. Frau Liebling sah ihn an. Seine Haare waren schon grau geworden, aber sein Schmunzeln war immer noch so schalk- und knabenhaft wie vor Jahren. Sie liebte es!

„Komm", drängte sie dennoch, „ich habe keine Lust auf Gemaule." Sie zahlte und zog ihn am Ärmel mit. Mit gespieltem Gegrummel ließ er es geschehen.

„Wieso wollen wir eigentlich nie in einen dieser Neubauten ziehen?", japste Frau Liebling, als sie oben im 4. Stock ihres tollen Altbaus ohne Aufzug angekommen waren. Die Finger schmerzten vom Einschnitt der Tüte mit dem Schaumwein, der andere Arm mit dem vollen Korb schien ihr um mindestens zehn Zentimeter länger als vorher. Sie hielt sich für eine sportliche, beinahe durchtrainierte Frau. So manche ihrer Freundinnen beneidete sie dafür, dass sie fast kein „Winkfleisch" an den Oberarmen hatte. „Kein Wunder, Mädels", scherzte sie dann, „ich habe beim Hochschleppen meiner Einkäufe immer ein zusätzliches Armmuskeltraining!" Aber manchmal ging ihr das Geschleppe gehörig auf die Nerven.

Auf dem Küchentisch lag ein Zettel. Mit krakeliger Schrift hatte der Sohn darauf geschrieben: „Bin mit Moritz unten beim Fußball." Ausnahmsweise mal genau im richtigen Moment piepste Frau Lieblings Handy: Die Tochter war noch mit ihrer Freundin unterwegs – laut SMS würde das Shoppen doch etwas länger dauern. Herr Schatz seufzte erleichtert auf: „Hey, dann kann ich ja ganz kurz einen Blick in die Zei..."

„Untersteh dich!", unterbrach ihn Frau Liebling streng. „Du kannst höchstens einen kurzen Blick ins Weinlager oder in den Kühlschrank werfen."

Ihre grünen Augen blitzten kurz auf, als sie ihm den Schaumwein, die Meeresfrüchte und andere Zutaten für die Tapas in die Hand drückte. Fast bedauerte sie schon, die Freunde zu einem spanischen Abend eingeladen zu haben: Wieso hatte sie nur unbedingt wieder mal mit ihren Tapas-Talenten angeben wollen?! Frau Liebling und Herr Schatz hatten schon immer ein besonderes Faible für Spanien. Und da sie mit zwei Kindern schon allein aus finanziellen Gründen nicht mehr so einfach für ein Wochenende nach Barcelona, Madrid, Málaga oder Sevilla fliegen konnten, wie noch zu ihrer kinderlosen Zeit, bildeten sich die beiden immer mal wieder ein, ihre Familie und Freunde mit einer großen Tapas-Abendrunde beglücken zu müssen. Ein Cordillo-Braten hätte es doch auch getan, grummelte sie innerlich. Sie seufzte.

„Was ist, Frau Liebling?", fragte Herr Schatz und nahm ihr Kinn zärtlich in die Hand. „Zu viel vorgenommen für heute Abend?"

„Hm", machte sie vage und blickte auf die Tüten und Körbe, die Kochbücher und Zutaten. Mal wieder der glatte Wahnsinn. Ihr Magen knurrte, die Kinder würden wahrscheinlich in weniger als einer Stunde auftauchen und „Hunger!!!!" brüllen.

„Komm, ich schenke uns jetzt erst noch ein Gläschen Wein ein, damit du dann deine Kochkünste entfalten kannst, und mich lässt du nachher die Würste für die Kinder braten", munterte er sie auf. Die Sonne schickte ihre Strahlen in die Wohnküche, die Vögel zwitscherten hemmungslos in den Frühlingshimmel. Eigentlich ist es doch ganz herrlich. Man muss sich nur mal einen Augenblick Zeit dafür gönnen. Können. Kurz schloss sie die Augen, genoss die Wärme der Sonne im Gesicht, auf ihren Beinen – sie liebte es, kurze Röcke zu tragen, sobald das Thermometer mehr als 18 Grad Celsius anzeigte – und entspannte sich. Alles halb so wild, machte sie sich klar. Dann holte sie die Würste aus dem Kühlschrank und suchte nach den Semmeln.

Als Frau Liebling so die schlappen, blassen Bratwürstchen betrachtete – waren sie länger als sonst? – musste sie kichern. Sie nahm eins in die Hand. Kühl und ein bisschen glibberig fühlte es sich an. Ein Kichern kroch ihre Kehle hinauf, als sie das untere Drittel des kleinen Stängelchens in die Faust steckte. Der obere Teil hing schlapp hinab. Langsam drehte sie sich zu Herrn Schatz um, der gerade mit einem Plopp die Flasche entkorkt hatte und kühlen Weißwein in die Gläser goss.

„Oh, guck mal das arme Würstchen an", sagte sie mit gespielt mitleidiger Stimme. „Das ist aber schlapp drauf. Hat noch nix gehabt von seinem Leben, muss gleich in die Pfanne, das Arme, und dann wird ihm auch schon der Kopf abgebissen …"

Herr Schatz blickte mitleidig auf das hängende Etwas hinab.

„Das ist wirklich ein armes Würstchen. Aber weißt du, an wen es mich erinnert?"

„Oh, mir schwant da was. Etwa an deinen Lustlümmel? Traurig, hängend – und blass???"

„Genau. Ist das nicht eine Schande bei all den Frühlingsgefühlen und den unverschämt wilden Vögeln da draußen?"

„Und was für eine Schande! Aber ich glaub echt nicht, dass er blass ist. Das muss ich sehen", fast zärtlich legte Frau Liebling die Wurst auf die Arbeitsplatte und guckte versuchsweise tief in Herrn Schatz' helle Augen.

„Na komm, zeig her!", flüsterte sie neckisch. Herr Schatz hatte sich ihr zugewandt und hielt beide Gläser in der Hand.

„Wie schön du da stehst. So richtig hilflos. So hat sich das Würstchen sicher auch gerade gefühlt", schmeichelte sie ihm. Flink griffen ihre Finger nach dem Gürtel seiner Hose. Vorsichtig öffnete sie ihn, ließ den Hosenknopf aufspringen und zog den Reißverschluss langsam herunter. Kess leckte sie sich über die Lippen. Seine Hose sprang auf. Sie streichelte mit den Fingerspitzen behutsam über die Stelle genau über dem Slip. Sein Unterbauch zog sich zusammen.

„Du bist gemeiiiiin", stöhnte Herr Schatz auf. „Wenn du so weitermachst, wirst du nichts Blasses, Schlappes sehen, sondern im Gegenteil etwas Prachtvolles, Rotes! Aber lass mich wenigstens den Wein abstellen!", bettelte er.

„Du gefällst mir aber so sehr gut: hilflos, statuenhaft. Einfach bezaubernd!"

Sie war in die Hocke gegangen und sah von unten schmunzelnd zu ihm hinauf. Vorsichtig zog sie seine Hose ein Stück tiefer, streifte seinen Slip etwas nach unten, sodass sein Schwanz herausrutschen konnte.

„Also blass ist er definitiv nicht", stellte sie fest.

„Und wie ist seine Konsistenz?", fragte sie dann grinsend. Wie eine Wissenschaftlerin bei der Entdeckung einer seltenen Pflanzen- oder Tierart betrachtete sie seinen Schwanz. Mit ihren schlanken, ein bisschen rauen Fingern tastete sie sein Prachtstück vorsichtig ab.

„Aha", sagte sie.

„Hm", meinte sie mit überraschtem Kopfschütteln zum wachsenden Schwellkörper.

„Oh", staunte sie, als sich das schöne Gemächt vor ihr erstreckte. Sie griff Herrn Schatz an den Po. Sie liebte diesen Po, den sie viel zu selten nur noch berührte. Keine Zeit, viel zu müde, am Wochenende vielleicht, hieß es oft. Zu oft. Doch jetzt wollte sie ihn, so spontan, so prachtvoll, wie er vor ihr stand.

Herr Schatz wand sich, immer noch die beiden Gläser in der Hand, mitten in der Küche stehend. „Gib mir einen Schluck, bevor ich ihn vernasche", schnurrte Frau Liebling von unten herauf. Fragend schaute er sie an.

„Doch, gieß einen kleinen Schluck in meinen Mund. Trau dich!"

Das ließ sich ihr Mann nicht zweimal sagen. Sachte und mit unglaublicher Treffsicherheit platzierte er ein kleines Schlückchen in ihren lasziv geöffneten Mund. Danach nahm er selbst einen großen Schluck. „Wow, wie lecker!"

Frau Liebling schnurrte weiter wie eine Katze. Dann umfasste sie wieder seine Pobacken, zog ihn mit einem kleinen Ruck näher und ließ ihre Zungenspitze um seine Eichel tanzen. Die wippte, als wollte sie fliehen. Herr Schatz stöhnte kurz auf.

„Gefällt es dir?", fragte Frau Liebling rhetorisch. Herr Schatz nickte langsam.

„Und das auch?", fragte sie und nahm seinen blitzenden Dolch tief in den Mund.

„Ohhh!", hörte sie von oben. Jetzt leckte sie schneller an seinem pulsierenden Schwanz, ließ die Lippen auf und ab tanzen, brachte die ganze Feuchtigkeit ihres Mundes auf, um ihn zu schlecken, zu massieren, ihn rhythmisch zu bearbeiten. Herr Schatz hatte den Kopf in den Nacken gelegt. Seine Augen geschlossen, den Mund leicht geöffnet, atmete er schnell und flach.

Frau Liebling fühlte, wie sich die Erregung auf sie übertrug. Ihre Beine in der Hocke weit gespreizt, merkte sie, wie ihr Höschen feucht wurde, weil ihre Muschi schon ganz nass war. Mit einer Hand fuhr sie sich unter den Slip. Wolllüstig öffneten sich ihre Venuslippen. Vorsichtig schob sie einen Finger in ihre Grotte hinein, betastete ihre Wände nach der Stelle, die sie liebte. Ja, da genau, da hatte sie den Punkt gefunden, der sie in andere Sphären brachte. Noch immer saugend und schmatzend verwöhnte sie Schatzens Schwanz, der noch größer und noch dicker schien. „Kleines Würstl? Niemals!", entrüstete sie sich innerlich.

Da spürte sie, wie sich die Spannung in seinem Körper verstärkte, während sie in sich den Druck erhöhte, indem sie mit dem Handballen auf die saftige, herrlich dicke Klitoris drückte. Auch ihr Körper spannte sich an. Sie war der Bogen, den Pfeil in ihrem Mund, der lecker und saftig sich nun selbst rhythmisch bewegte. Dann konnte sie nicht mehr an sich halten.

„Ah", brach es – mehr oder weniger deutlich – aus ihr heraus, während auch Herr Schatz immer stärker zuckte, sodass es in den Gläsern, die er noch immer in der Hand hielt, nur so schwappte.

„Was war das denn?", fragte er plötzlich, erst noch mit kehliger, trunkener Stimme.

„Oh, verdammt, was ist das denn???", raunte er jetzt deutlich aufgeregter. Jetzt hörte es auch Frau Liebling. Natürlich, die Klingel!

„Mist!", fluchte sie. Sohnemann war vom Fußball zurück und begehrte hungrig Einlass. Wie gut, dass sie den Schlüssel von innen hatte stecken lassen! Schnell stand sie auf, schnappte sich ein Weinglas und nahm einen großen Schluck, bevor sie es scheppernd auf der Küchentheke abstellte. Trotz des nicht gestillten Hungers strahlte Herr Schatz sie frühlingstaumelig an, während sie ihm die Hand mit den wunderbaren Düften ihres Schoßes über die Nase strich.

„Papa macht gleich auf", rief sie Richtung Wohnungstür. Rasch küsste sie Herrn Schatz, der hastig wieder die richtige Kleiderordnung herstellte und zur Tür sprang.

„Hallo Sohnemann", rief sie aus der Küche. „Es gibt gleich was zu essen. Bratwürste! Die sind heute besonders groß und lecker!"

Tipps aus der Liebling- und Schatzkiste

• **Spielen Sie ein bisschen …**

Eltern im Alltagschaos steht der Sinn natürlich nicht unentwegt nach Spielen und Begehren. Was bestimmt auch damit zu tun hat, dass es ganz schön anstrengend ist, dieses Switchen zwischen den Rollen als Mama/Papa und Frau/Mann. Inszenierungen und erotische Verabredungen können deshalb einen Handlungsrahmen bieten, der sonst vielleicht fehlt. Und oft ist der Schritt zum Überwinden der Lustlosigkeit noch kleiner: Wir dürfen uns nämlich auch als Erwachsene trauen, kindisch zu sein, verspielt und spontan.

- **Variieren Sie!**

Die gute Nachricht für Vegetarier: Die Fleischeslust steht und fällt nicht mit irgendwelchen Würstchen. Man kann sich ja auch mit Obst und Gemüse begehren und begehrt werden. Weil Maiskolben, Bananen, Karotten, Salatgurken, Pfirsiche, Rettich, Zucchini oder Erdbeeren mindestens genauso zum wilden Assoziieren verführen.

- **Gelegenheit macht Liebe**

Eltern zu sein erfordert immer und überall maximale Flexibilität. Und flexibel sein bedeutet auch: Schläft das Kind endlich mal den heißersehnten Nachmittagsschlaf, ziehen auch Sie sich zurück – zum Nachmittagsbeischlaf. Wird das Kind wach, herrje, dann hört man halt wieder auf. Sind die älteren Kinder gerade bei Freunden, auf Geburtstagspartys oder sonst wo, dann lassen Sie doch einfach mal den Haushalt, die Wäsche, die Ablage liegen, das Auto ungeputzt, die Besorgungen unbesorgt – und besorgen es dafür einander. Denn JETZT sind Sie ungestört. Und wir wissen alle ganz genau, wie schnell diese ach so sorglosen Stunden vorübergehen. Schon die Nähe, die Zärtlichkeit, die Küsse, die Sie in diesen Momenten genießen, fühlen sich für den Rest des Tages gut an.

Mittagsmeeting

Frau Liebling zupfte noch ein paar Basilikumblätter ab und legte sie in die Schüssel mit den Spießchen aus frischem Büffelmozzarella und den letzten kleinen Tomaten, die die Sommersonne auf dem kleinen Stadtbalkon hat wachsen lassen. Genüsslich rieb Frau Liebling die Finger aneinander. Mmhh … sie summte vor sich hin, als sie den scharfen Basilikumduft an ihren Fingern einsog. Herrlich! Sie drehte sich kurz im Kreis, um zu scannen, ob sie alles eingepackt hatte: Picknickdecke, eine Flasche Wasser, zwei kleine Fläschchen Sprizz (für das Wald- und Wiesen-Meeting, das sie gleich mit Herrn Schatz haben würde, tat es diesmal auch das schon fertig gemischte Getränk), einige Mozzarella-Tomaten-Spießchen, eine halbe Stange Baguette und noch ein bisschen Käse, kleine Happen Amuse-Gueule … Sie schmunzelte. Ein bisschen Anregung kann nicht schaden, dachte sie, obwohl sie ganz genau wusste, dass es dieser nicht bedurfte.

Schließlich hatte sie sich mit Herrn Schatz zu einem besonderen Mittagsmeeting verabredet, wie sie es zwei-, dreimal im Jahr taten. Gern an solchen Altweibertagen wie heute, an denen die Sonne noch einmal ihre letzte Kraft verschwendete, also wolle sie ankündigen, dass es bald vorbei sein würde mit der Wärme. An diesen Tagen war die alte Heide, in der sie sich trafen, wie verzaubert: Goldene Spinnweben schwebten über dem trockenen Gras, Vögel sammelten sich schimpfend zum Abflug in den Süden, ein sanfter Wind strich über die Wiesen und durch die vereinzelten Kiefern. Ein herrliches Plätzchen, der richtige Ort für ihr heimliches Schäferstündchen.

Wieder musste sie in sich hineinlächeln. Frau Liebling hatte sich ein feines schwarzes Spitzenhöschen angezogen. Es war aus unerfindlichen Gründen bisher noch nie zum Einsatz gekommen. Immer kam in der letzten Zeit etwas dazwischen, wenn sie sich mit Herrn Schatz endlich mal wieder verlustieren wollte. Aber heute hatten sie endlich diese kleine gestohlene Stunde Zeit füreinander! Er in seiner Mittagspause und sie nach den Kundentelefonaten, die sie von zu Hause aus tätigte – und bevor die beiden Kinder einfielen. In diesem Moment wurde Frau Liebling jeden Tag aufs Neue gleich so in Beschlag genommen, dass sie zu nichts mehr kam: „Mama, ich muss heute unbedingt noch dieses ganz besondere Heft besorgen!" – „Mama, du musst mich unbedingt SOFORT die Vokabeln abfragen!" – „Mama, darf noch schnell Lena/Justus/Linus/Ferdinand/Marie … bei uns vorbeischauen?!?!" – „Mama, ich kann heute nicht mit dem Rad zum Hip-Hop fahren bei dem Wetter: BITTE fahr mich doch schnell!" Dieses gemeinsame Mittagsstündchen heute war knapp bemessene Zeit – herrliche, gestohlene Zeit!

Behutsam packte Frau Liebling alles in den kleinen Picknickkorb. Sie freute sich so sehr auf die gemeinsame kleine Flucht aus dem Alltag, dass sie sogar etwas zu früh mit allem fertig war. Sie legte noch etwas Parfüm auf und überprüfte ihr Make-up. Schon spürte sie das feine Ziepen in der Leistengegend… Da klingelte ihr Handy.

Ach nö, dachte sie. Bitte nicht jetzt ausgerechnet dieser nervige Rückruf, maulte sie innerlich. Sie wollte das klingelnde Telefon schon seinem Schicksal überlassen, nahm aber schließlich doch ab.

„Hallo?", fragte sie in geschäftigem Ton. „Hier ist das Sekretariat der Schule", hörte sie fassungslos jemanden am anderen Ende der Leitung sagen. „Ihr Sohn klagt über Bauchschmerzen und möchte heute nicht in die Mittagsbetreuung", sprach die freundliche Stimme am anderen Ende der Leitung weiter. „Können Sie ihn abholen?"

Nein, rief sie innerlich. Ich kann ihn nicht abholen! Ich habe ein sehr, sehr wichtiges Date!

„Oh", hörte sie sich dagegen nur sagen – und dann in betroffenem Ton: „Ähm, das ist jetzt aber ganz ungünstig."

„Ja, Bauchschmerzen kommen meistens ungünstig", meinte die Sekretärin mit einer kleinen Spur Schärfe in der Stimme.

„Äh, ich bin gar nicht zu Hause", log Frau Liebling nun entschlossen, „ich bin mitten im Termin und kann jetzt nicht weg. Ist er denn schon grün im Gesicht – äh, ich meine, sind die Schmerzen schon sehr stark? Vielleicht ist es nur Durchfall, der sich ankündigt, da hat man manchmal Bauchweh…"

Was red ich nur für Zeug?, fragte sie sich.

„Jedenfalls kann ich bis zwei, halb drei nicht weg", sagte sie selbstbewusst ins Telefon. „Ich suche jemanden, der ihn eventuell früher abholen könnte."

„Tun Sie das, und melden Sie sich bitte schnellstmöglich. In der Zwischenzeit liegt er bei uns im Sanitätszimmer", sagte die Sekretärin, wobei sie *Sanitätszimmer* arg betonte, fand Frau Liebling.

So ein Mist! Was … wie … oder das Ganze absagen? Nein, absagen möchte ich nicht, werde ich nicht, die zwei Stündchen müssen mir, müssen uns doch mal gegönnt sein! Aber wenn er wirklich Bauchschmerzen hat? Vielleicht hat er sich einen Magen-Darm-Virus eingefangen? Oder will er nur nicht in die Mittagsbetreuung und gibt Bauchweh vor? Diese Gedanken rasten durch ihren Kopf, während sie die Liste der Personen durchging, die für sie einspringen könnten, ein gut gepflegtes Netzwerk an Frauen und Müttern, die sich gegenseitig aushalfen. Meist klappte es ganz gut. Was bin ich nur für eine Rabenmutter?, meldete sich ihr schlechtes Gewissen.

Der erste Versuch galt ihrer Schwiegermutter. Sie lebte ganz in der Nähe und sprang auch gern ein, wenn ab und an besondere Fahrdienste, Übernachtungsaktionen oder sonstige Hilfeleistungen nötig waren. Sie liebte ihre Enkel, war jedoch manchmal ob des Temperaments und vom doch sehr anderen

Erziehungsstil als zu ihrer Zeit überfordert. Außerdem war sie öfter mal unterwegs, auf spontanem Shoppingtrip oder per Bustour in eine andere Stadt mit einer Freundin. Und tatsächlich: „Nein, meine Liebe, tut mir leid, wir sind gerade in Regensburg, da gab es so ein günstiges Angebot mit dem Bus…"

Also die nächste Nummer. Sabine arbeitete nur bis Mittags, und ihr Sohn war eng mit Frau Lieblings Bauchweh-Kandidaten befreundet. Allerdings ging Sabine nicht ans Telefon.

„Scheibenkleister!", rief Frau Liebling laut in die helle Wohnküche hinein. „Ich muss jemanden finden!"

Auch Herr Schatz war heute Morgen sehr beschwingt aus dem Haus gegangen. Es wäre so schade, wenn sie ihr Heidemeeting abblasen müssten. Endlich hatte sie Glück: Ihre Freundin Alexandra erklärte sich bereit, den Sohnemann für zwei Stunden mit nach Hause zu nehmen.

„Aber dass er mir ja nichts Ansteckendes hat, das könnte ich gar nicht gebrauchen!"

„Wer kann das schon gebrauchen", grummelte Frau Liebling bestätigend in den Hörer. „Aber du bist ein Schatz", hauchte sie hinterher – und dachte bei sich: Und gleich vögle ich mit Herrn Schatz in der Herbstsonne …!

Beschwingt schnappte sie sich den Picknickkorb, warf einen koketten Blick in den Spiegel und brauste zu ihrem Treffpunkt.

Herr Schatz erwartete sie schon. Lässig lehnte er an seinem Fahrrad, mit dem er von seinem Büro zum Treffpunkt geradelt war. Wie ein frecher Fahrradkurier, der eine ganz besondere Lieferung abzugeben hat. Einen leichten, frischen Schweißfilm konnte sie auf seiner noch braunen Haut ausmachen. Hmmm, wie sie das liebte!

„Hallo, Herr Schatz!", rief sie fröhlich. „Madame", sagte er mit schnurrender Stimme und küsste ihr formvollendet die Hand. Sie schmunzelte, nahm seine Hand und zog ihn rasch mit sich.

„Komm, wir haben schließlich was vor – und leider nicht unendlich Zeit", meinte Frau Liebling.

„Ja, ich muss auch wieder einigermaßen pünktlich ins Büro. Wir haben eine gaaaanz wichtige Besprechung", sagte Herr Schatz gedehnt. Eine Weile liefen sie schweigend, aber voll freudiger Erregung hintereinander her. Im hohen, schon herbstbräunlichen Heidegras gab es nur kleine Trampelpfade, die hin und wieder die vom Weg abgekommenen Spaziergänger nutzten. Ob viele sich hier zu einem kleinen Nachmittagsfick trafen?, fragte sich Frau Liebling. Noch hatte sie keine weiteren Paare entdeckt – Gott sei Dank. Sie wollte weder jemanden überraschen noch wollte sie selbst bei ihrem kleinen Abenteuer überrascht werden.

„Hier ist es doch schön, die Kiefer bietet Sichtschutz und in die Mulde scheint noch so angenehm die Sonne hinein." Frau Liebling stimmte ihm zu. Sie breiteten die Decke aus, drapierten die kleinen Speisen hin und öffneten die zwei Fläschchen Sprizz. „Zieh doch deine Bluse aus", bat Herr Schatz, was Frau Liebling gerne tat. „Oh, du hast heute keinen BH darunter", staunte er. „Dir zuliebe", schnurrte sie zurück. Sie wusste, dass Herr Schatz nach wie vor auf ihren Busen mit den spitzen Nippeln abfuhr. Dann zog sie sich die Jeans und Schuhe aus und platzierte sich so auf die Decke, dass es an das Gemälde „Frühstück im Grünen" von Manet – oder war es Monet? – erinnerte. „Wie hübsch du mal wieder bist", raunte Herr Schatz. Das schmeichelte ihr. Kokett trank sie einen Schluck von dem gerade noch kühlen Aperitif und streckte die Hand nach ihm aus.

„Möchtest du nicht etwas essen?"

„Sicher möchte ich etwas essen, aber etwas, das ich nicht beißen muss …", antwortete er schmeichelnd und beugte sich zu ihr herüber. Ein sanfter Kuss auf den Mund, ein zweiter sanfter Kuss auf den Hals. Er wanderte über die Mulde am

Hals hinab zu ihrem Busen. Unter seinem warmen Atem stellten sich ihre Härchen auf, sie spürte, wie ihre kleinen „Pfirsichnippel" hart wurden. Um ihren Bauchnabel zuckte es köstlich, als Herrn Schatz' weiche Lippen über ihren Bauch wanderten, kurz auf der Narbe etwas weiter unten verharrten, um dann noch tiefer zu wandern. Er hielt inne, presste seine Nase auf den hauchdünnen Slip und sog tief die weiblichen Düfte ein.

„Ahhhh", gurrte sie, „das kitzelt, das kitzelt schön…"

Nun ließ er seine Zunge den weiteren Weg erkunden. Er hob die schwarze Spitze des Höschens mit der Zungenspitze an, schmeckte mit der Oberseite seiner Zunge den feinen Stoff, der noch frisch und doch süß nach ihr duftete, und mit der Zungenspitze die feine Haut. Er spürte die kleinen Nöppchen der Gänsehaut, die sich um die Stelle herum ausbreitete, und liebkoste sie. Langsam ließ er die Zunge nun die Beuge entlang wandern Richtung köstlicher Venus. Frau Liebling streckte sich auf dem Rücken aus und gab leise Gurr- und Schnurrlaute von sich. Er spürte, wie sie leicht den Rücken durchstreckte, als wollte sie ihm noch einige Millimeter näher sein. Langsam drang seine forschende Zunge zu ihren Schamlippen vor. Er vermutete sie leicht geöffnet, wie eine Orchidee unter dem Hauch von Nichts. Doch Frau Liebling öffnete die Beine nicht. Sie schlug sie übereinander, als wollte sie das Innere der Orchidee schützen, und reckte dem gierigen Mund gleichzeitig das Becken entgegen. Nur die feine Knospe konnte die Zunge erreichen, sie fühlte, wie diese versuchte, tiefer zu gelangen, das Innere zu finden und dabei immer ihre anschwellende Knospe berührte. Plötzlich fühlte sie das ganze Blut in ihre empfindliche Klitoris einschießen, sie merkte, wie diese größer und saftiger wurde, wie es pulsierte und schäumte. Dieser köstliche Moment, kurz vor dem Höhepunkt, dem Finale furioso, in dem sich alles anspannte. Ihr Busen wurde groß und fordernd, ihre Lippen rot und voll, ihre Hand vergriff sich in seinen Haaren. Jetzt, oh gleich, ja, dieses eine gierige Lecken über ihre Klit ließ sie erschauern, ließ sie zucken, ließ sie frösteln und gleichzeitig erglühen ... Sie spürte aus ihrem Inneren die kleinen Blitze aufsteigen, ließ die Sonne über ihnen zu einem schwarzen Feuerball werden.

„Ahhhh", tönte es aus ihr heraus, „ahhhh!". Plötzlich drückte sie ihn weg von sich, öffnete ihre Beine breit und befahl ihm: „Komm, ich will dich spüren, jetzt!"

Bereitwillig folgte er ihrer Aufforderung. Rasch zog er sich das T-Shirt über den Kopf und nestelte sich ungeduldig aus Jeans und Schuhen. Er rutschte zwischen ihre bereitwillig geöffneten Beine, nahm seinen steifen Schwanz in die Hand, führte ihn ein und stieß ein erstes Mal zu.

„Oh", entfuhr es beiden. Er presste seine saftigen, süßlich riechenden Lippen auf ihre. „So köstlich bist du heute, so köstlich", keuchte er. Die Sonne brannte auf seinen Rücken, Schweißperlen tanzten von seinem Nacken und seiner Stirn auf sie herab.

„Was ... wollten ... wir ... denn ... heute ... so ... alles ... besprechen?", fragte Herr Schatz und stieß nach jedem Wort seinen harten, steifen, heißen Schwanz in ihre wunderbar feuchte und glitschige Möse. Bei jedem Stoß seufzte Frau Liebling hörbar verzückt auf.

„Wir ... wollten ... besprechen ..., ob ... du ... hier ... zweimal ... kannst ..."

„Du ... freches ... Stück ... natürlich! ... Du ... wirst ... schon ... sehen", gab Herr Schatz zurück. Seine Hüften bewegten sich jetzt immer schneller, während sie versuchte, ihm ihr Becken noch ein bisschen mehr entgegenzuschieben. Die Sonne über ihnen wurde heiß und heißer, sie spürte dieses Prickeln im ganzen Körper, das Pulsieren in ihrer Möse, ihre Nippel wollten schier von ihren Brüsten springen. Sie konnte nicht mehr an sich halten und ließ mit einem hohen „Ah, ah, aaaaah!" das überwältigende Vibrieren zu, das ihren ganzen Körper wie eine Flutwelle überrollte. Jetzt hob auch Herr Liebling den Kopf, warf ihn in den Nacken und stieß noch einmal zu.

„Du geiles Luder, Frau Liebling, du wunderbares, geiles Sonnenluder, duuuuuuuu!" Und er kam in einer gewaltigen Explosion, drückte den Rücken durch, zog sich zwei-, dreimal vorsichtig fast komplett aus ihr heraus und ließ sich langsam wieder hineingleiten. Dabei verzog sich sein Gesicht, sein ganzer Körper zuckte jedes Mal erneut zusammen. Gleich darauf ließ er sich auf sie fallen.

Ohne ein Wort zu sprechen, genossen beide diesen herrlichen Moment der Ruhe. Jeder für sich, und doch spürten sie die große Nähe zueinander. Nach einer Weile rollte Frau Liebling Herrn Schatz von sich.

„Also, ich weiß ja nicht, wie es dir geht, aber ich habe schrecklichen Hunger!" Sie mopste sich ein Spießchen Tomate-Mozzarella und hielt es Herrn Liebling unter die Nase. „Du nicht?"

„Doch", grollte er mit gespielt tiefer Stimme, „ich habe schrrrecklichen Hungääärrr!", und schnappte nach dem Spießchen. Beide kicherten wie Teenies bei ihrem ersten Date.

„Trink!", forderte er Frau Liebling auf und goss ihr einen Schluck viel zu warm gewordenen Sprizz in den Mund. „Iiii", zierte sie sich und schluckte das inzwischen bittere, warme Zeug mit angewidertem Gesichtsausdruck hinunter. „Das schmeckt ja wie Medizin!"

Wie versteinert hielt sie plötzlich inne und suchte dann fieberhaft nach ihrem Handy.

„Was ist denn los?", fragte Herr Schatz verständnislos.

„Ich muss schnell schauen, ob Alexandra angerufen hat. Sie hat unseren Sohnemann mit zu sich genommen. Er hatte Bauchschmerzen! Angebliche oder wahre – keine Ahnung.

Jedenfalls wollte ich unser Date nicht absagen und sie ist eingesprungen", erklärte sie ihrem verdutzten Ehegatten. „Jetzt habe ich ein total schlechtes Gewissen", jammerte sie. Endlich hatte sie ihr Handy in der Tasche gefunden. Entwarnung. Kein Anruf. Gott sei Dank. Herr Schatz nahm sie in die Arme.

„Danke", sagte er ihr zärtlich. „Danke, dass du unser Mittagsmeeting nicht abgesagt hast. Du weißt, wie sehr ich es liebe, in der Heide mit dir zu vögeln." Er lachte. „Und ich weiß noch genau, wie sehr du dich das erste Mal geziert hast. Von wegen, hier sehen einen total viele, man wird zerstochen oder man bekommt einen Sonnenbrand. Bis jetzt", schloss er, „ist nichts dergleichen passiert, oder?"

„Nun ja", kicherte Frau Liebling, „das kommt darauf an, ob dieser Kerl da vorn zu uns will oder nicht", und deutete auf einen großen Hund, der direkt auf sie zuhielt. „Der riecht wohl meine leckeren Snacks!"

„Das glaube ich weniger, der riecht bis dorthin deinen süßen, saftigen Duft, der noch immer deinen Schenkeln entströmt", meinte Herr Schatz lasziv und drücke seine Hand auf ihren Venushügel. Ein Pfiff schrillte durch die Luft, dann ein zweiter, und der Hund bremste – enttäuscht, wie Frau Liebling fand – und kehrte um. Frau Liebling struwwelte Herrn Schatzens grau melierte Haare.

„Darf ich Sie darauf aufmerksam machen, dass das Zeitfenster des Mittagsmeeting sich schließt und das Fenster des Arbeitsmeetings sich bald öffnet", bemerkte Frau Liebling in geschäftsmäßigem Ton.

„Da haben Sie leider recht, Frau Liebling", entgegnete Herr Schatz. Wieder nahm er galant ihre Hand, küsste sie und sagte: „Vereinbaren Sie bitte mit meiner Sekretärin den nächsten Termin – hier oder wo auch immer. Zeit und Ort bestimmen Sie."

Tipps aus der Liebling- und Schatzkiste

- **Neue Liebesplätze finden**

Seien wir ehrlich: Die wenigsten Paare können es tatsächlich einrichten, sich mittags mal eben zu treffen. Und noch seltener gibt es die Möglichkeit, lauschige Plätze in der freien Natur zu finden, die so abgelegen sind, dass man dort ungestört ein Nümmerchen schieben kann. Außerdem ist nicht jeder ein Fan von Freiluftficks. Mal ganz abgesehen davon, dass dafür auch noch das Wetter passen muss.

Aber das ist eigentlich auch gar nicht so wichtig. Wichtiger ist, sich einfach mal dazu zu verabreden, woanders als im eigenen Bett miteinander Sex zu haben. Und falls gerade zufällig keine Heide in der Nähe ist, in der auch garantiert niemand stört, könnten Sie sich ja vielleicht ein, zwei Stunden in einem Hotel einmieten (siehe auch Geschichte ab Seite 158).

- **Urlaubsservice mit Hintergedanken**

Haben Sie gute Freunde, die in einer richtig tollen Wohnung leben? Dann erklären Sie sich doch großzügig dazu bereit, deren Blumen zu gießen, wenn sie im Urlaub sind. Dabei könnten Sie sich einfach mal dort im Wohnzimmer vergnügen – natürlich ohne irgendeine Spur zu hinterlassen. Ist ja wohl Ehrensache!

- **Schnell wieder aufgefrischt fürs nächste Meeting ...**

Wer tatsächlich Open-Air-Sex haben möchte, findet im Internet jede Menge sachdienlicher Hinweise (Links dazu siehe Anhang ab Seite 221). Falls Sie befürchten, dass nach diesem heißen Stelldichein bestimmte Geruchsspuren an Ihnen haften, sollten Sie Feucht- oder Erfrischungstücher in der Tasche haben.

Zweites Frühstück

Bockig schob sich Sohnemann ein Stück Honigbrot in den Mund und knurrte etwas Unverständliches vor sich hin. Frau Liebling war sauer. Es war gerade mal kurz vor sieben Uhr morgens und schon herrschte schlechte Stimmung am Frühstückstisch. „So ein Störenfried", schimpfte sie innerlich. An manchen Tagen war es völlig gleichgültig, wie man dieses Grundschulkind weckte. Es maulte vom ersten Augenöffnen bis zum Tschüss, während die große Tochter wie ein aufgescheuchtes Huhn durch die Wohnung flitzte. „Wo sind meine Ohrringe? Wo ist mein Handy? Leonie hat immer noch nicht angerufen, ob sie sich heute vom Sport befreien lässt? Allein mache ich bei der Schulauswahl auf keinen Fall mit!", schimpfte sie.

„Mausi, auf der Anrichte liegt das Handy doch, das sehe ich von hier! Und jetzt beeil dich!"

Frau Liebling fühlte sich mal wieder wie ein Eseltreiber. Beeil dich, mach schon, Schuhe an, schnell, du verpasst den Bus, nimm dein Brot mit, los jetzt, es ist schon spät – die ganze Litanei.

„Mami, kannst du noch schnell was unterschreiben?", flötete das kleine Fräulein Tochter plötzlich.

„Jetzt kommst du damit an? So kurz vor knapp? Ist es etwa wieder eine Fünf, die du mir da unterjubelst, Fräulein?", hakte Frau Liebling scharf nach.

„Ja", gab die Tochter kleinlaut zurück. „In Latein..."

„Na bravo! Ich frag mich, wieso du bei dem einen Burschen da so oft Nachhilfe genommen hast. Wer weiß, was..."

„Mami!", unterbrach die Tochter entrüstet die Tirade ihrer Mutter.

„Na, egal, schnell her mit der Arbeit, so genau will ich das in aller Früh gar nicht wissen. Und du, junger Mann, Marsch ins Bad, Zähne putzen!", schob sie den Jüngsten an.

Das Bad war jedoch gerade abgeschlossen, weil sich Herr Schatz eben aus dem Bett geschält hatte und hineingetrottet war. Irgendwas wie „warum es denn so laut sei...", meinte sie vernommen zu haben. Frau Liebling verdrehte die Augen. Endlich schob sie die Tochter aus der Tür und schickte ihr ein stummes Stoßgebet nach, dass sie nicht wieder den Bus verpassen möge. Dann schnappte sie sich den Kleinen, der schließlich doch noch – maulend – aus dem Badezimmer getrottet kam, und stopfte ihn in Schuhe und Anorak. Mit einem kleinen Klaps auf den Hintern bugsierte sie ihm den Schulranzen auf den Rücken und gab ihm einen Schmatzer.

„Los, mein Hase, deine Freunde werden schon alle an der Kreuzung auf dich warten. Viel Spaß in der Schule – aber mach jetzt!!!"

Erleichtert hörte sie ihn die Holztreppen des Altbaus hinunterpoltern.

Endlich! Frau Liebling zog sich ihre Früh-morgens-muss-ich-es-warm-haben-egal-wie-ich-damit-aussehe-Strickjacke fester um die Schultern. Zum ersten Mal an diesem Tag riskierte sie einen Blick in den Spiegel. Etwas blass um die Nase, verknautscht und mit ziemlichen Augenringen sah sie sich selbst. Ihr schulterlanges Haar war platt gelegen und strähnig. Zuerst brauchte sie dringend eine zweite Tasse Kaffee, dann eine Dusche.

„Guten Morgen, Frau Liebling", brummelte freundlich Herr Schatz. „Welche Kriege hast du heute schon wieder geführt?", fragte er sanft und drückte ihr einen bettwarmen Kuss auf die Wange, die sie ihm hinhielt. So früh morgens brauchte sie ihren Mund noch für sich, da war an Küssen nicht zu denken.

„Das mit Latein war keine gute Idee, unsere Tochter hat schon wieder eine Fünf kassiert", tönte Frau Liebling über das Summen und Brummen der angesagten George-Clooney-Kaffeemaschine hinweg. Mit Schwung goss sie den heißen Milchschaum in die beiden Tassen. Etwas zu schwungvoll, denn in hohem Bogen schwappten Milch und Schaum über den Kaffeetassenrand und platschten auf den Boden.

„So ein Mist aber auch! Toll, super!", meckerte Frau Liebling verärgert.

„Warte, Frau Liebling, lass mich das schnell machen, als kleinen Dank, dass ich heute ein bisschen länger schlafen durfte."

Herr Schatz sprang auf und schnappte sich den Lappen vom Spülbecken, während Frau Liebling sich auf den Stuhl sinken ließ.

„Danke, du bist ein Schatz, Herr Schatz", antwortete Frau Liebling und freute sich tatsächlich über ihr ach so originelles Wortspiel. Dann nahm sie einen großen Schluck Kaffee und griff zur Zeitung. Herr Schatz tat es ihr gleich. Eine Weile herrschte friedliche Stille am Frühstückstisch. Nur ab und zu raschelte die Zeitung beim Umblättern, klapperte ein Messer auf dem Teller, klirrte eine Tasse auf den Tisch. Das waren die seltenen zehn Minuten Frühstücksruhe, die Frau Liebling so genoss – und Herr Schatz offensichtlich auch.

„Mein lieber Herr Schatz", fragte sie ihren Mann mit plötzlicher Strenge in der Stimme, „musst du nicht schleunigst aus dem Haus?"

„Ich habe ausgemacht, dass ich heute ein bisschen später ins Büro komme. Die letzten Wochen habe ich doch echt viele Überstunden gemacht mit den ganzen Meetings. Schaffe es ja eh nie, früher nach Hause zu gehen."

„Guuuuute Idee", pflichtete Frau Liebling ihm bei. „Übrigens: Ich habe heute auch ein bisschen mehr Zeit. Mein erster Termin hat sich um eine Stunde nach hinten verschoben."

„Hey", sagte Herr Schatz und trank seinen Kaffee aus. Plötzlich grinste er sie mit diesem spitzbübischen Jungengrinsen an, das sich immer dann in seinem Gesicht ausbreitete, wenn er etwas im Schilde führte.

„Das heißt, wir haben sturmfreie Bude?"

„Ja, wieso?" Frau Liebling wunderte sich.

„Du weißt, was Teenies in sturmfreien Buden machen?!"

„Das will ich lieber nicht so genau wissen", meinte Frau Liebling. „Außerdem sind ja nicht wir die Teenies hier im Haus." Über ihr unweigerlich fortschreitendes Alter wollte Frau Liebling jetzt wahrlich nicht nachdenken.

„Aber wir könnten so tun, als wären wir welche!"

„Wieso das denn? Steh ich auf der Leitung?"

„Tja", antwortete Herr Schatz verschmitzt. Er stand auf und ging um den Frühstückstisch herum zu ihr. Zärtlich nahm er ihr Gesicht in beide Hände. Er strahlte sie an.

„Wir haben sturmfrei, meine geliebte Frau Liebling! Keine Kinder. Keine Termine – zumindest noch nicht. Das sollten wir ausnutzen…"

Er küsste sie zart auf die Stirn, die sie gerade in tiefe Falten geworfen hatte, und zog sie zu sich hoch. Endlich dämmerte es ihr.

„Oh!", rief sie aus. „Jetzt?"

„Ja, jetzt. So ein kleines Nachfrühstücksknöpern haben wir vor vielen Jahren doch gern mal gemacht. Erinnerst du dich?"

Sie erinnerte sich. Früher, ohne Kinder, hatten sie sich öfter mal die Zeit genommen, am Wochenende nach dem Frühstück – oder nach einem ersten Kaffee im Bett – miteinander zu schlafen. Zu „knöpern", wie Herr Schatz es ausdrückte. Angeblich ein Ausdruck aus dem Rheinischen für sehr zärtlichen, verkuschelten Sex. Sie mochte ihn, diesen Ausdruck. Wie oft sie das genossen hatten, das morgendliche Knöpern. Dann waren sie wach und ausgeschlafen und mit allen Sinnen präsent. Ja – ein bisschen knöpern…, jetzt. Warum eigentlich nicht? Ungeduscht war am Anfang ihrer Liebesbeziehung ja auch kein K.O.-Kriterium gewesen.

„Komm!" Frau Liebling nahm Herrn Schatz an der Hand und wollte mit ihm ins Schlafzimmer.

Herr Schatz schüttelte den Kopf. „Da ist es eiskalt, ich habe gelüftet." Und flüsterte ihr ins Ohr, als könne jemand sie hören: „Komm zur Couch, die ist kuscheliger."

Frau Lieblings Nackenhärchen stellten sich auf, als er ihr ins Ohr hauchte und sie ins Wohnzimmer zog. Ein erregender Schauer huschte durch ihren Körper, als er vorsichtig an ihrem Ohrläppchen knabberte.

„Mach weiter, das ist herrlich, das hast du lange nicht mehr getan!", hauchte sie.

Vorsichtig ziepten seine Zähne an ihrem Ohrläppchen, schnappten seine Lippen, die er weich wie Pferdelippen werden ließ, nach dem zarten Flaum am Ohr, am Nacken. Suchten sich den Weg am Hals entlang zur Schulter. Bedächtig öffnete er den Gürtel ihrer Strickjacke, ihres „Morgenpanzers", wie er sie nannte. Ganz ruhig stand sie vor ihm, die Augen geschlossen, den Kopf leicht in den Nacken gelegt, in erregter Erwartung. Langsam streifte er ihr die Jacke von den Schultern, ohne mit den Lippen von ihr zu lassen. Er spürte, wie sein Schwanz härter wurde. Behutsam knöpfte er ihre Pyjamajacke auf. Seine Fingerspitzen legten sich leicht um ihren Busen, er schloss die Finger hin zu ihren feinen, hellen Brustwarzen und zog ganz sanft daran; wieder und wieder streichelte er so ihre Brüste, bis die Nippel hart und spitz wurden.

„Hmmmmm!" Ihre Stimme gurrte eine Oktave tiefer als normal.

Er nahm ihre Aufforderung an, streifte ihr und sich selbst die Pyjamahosen ab und zog sich sein T-Shirt aus. Nackt standen sie beide voreinander, fast schüchtern. Sie umschlang ihn mit beiden Armen und drückte ihn an sich. Ihre kühlen Hände streichelten seinen Rücken, drückten seinen Po, kneteten seine Hinterbacken. Sie fröstelte. Er bemerkte das leichte Zittern, das durch ihren Körper ging. „Komm, legen wir uns hin", forderte er sie auf. Frau Liebling musste leise lachen.

„Wir stellen uns an wie Teenies beim ersten Mal, findest du nicht?"

„Ich finde es wundervoll."

Sie warfen sich aufs Sofa und nestelten etwas umständlich eine Wolldecke über sich, denn es war einfach etwas zu kühl in dem hohen, großen Raum. Dicht aneinandergepresst und eng umschlungen kuschelten sie sich unter das Plaid, Brust an Brust, Wange an Wange. Sie nahmen ihren Atem wahr, ihre Körper. Sie seinen warmen, männlichen und immer noch recht muskulösen mit dem vertrauten, herben Geruch seiner Haut. Er ihre unsagbar weiche Haut, die ihn seit ihrer ersten körperlichen Begegnung so fasziniert hatte, ihre etwas rundere Figur, nicht mehr so knochig wie früher.

Frau Lieblings Mund suchte seinen, den er ihr bereitwillig überließ. Langsam ließ sie ihre Zunge in seinen Mund gleiten. Beide Zungen umtanzten einander lustvoll. Wie ein virtuoses Eislaufpaar drehten sie Pirouetten, ließen sich los und stürmten wieder aufeinander ein. Ihr Atem wurde schneller, fordernder. Langsam wanderte ihre Hand zu seinem Schwanz, der sich inzwischen wie ein Knüppel fest an ihren Bauch presste. Seine Eier wurden hart und lagen herrlich in ihrer Hand. Vorsichtig knetete sie sie, zog an ihnen, drückte sie. Herrn Schatz' Po spannte sich erregt an. Nun wanderten seine Finger hinab zu ihrer Muschi und zwängten sich zwischen ihre Schenkel, umspielten ihre Kuschelspalte, suchten den Eingang in den feuchten Lustmund.

„Wie nass du geworden bist, Frau Liebling", stöhnte er.

„Wie hart du geworden bist, Herr Schatz", presste sie hervor.

Jetzt zwängte sie das untere Bein unter seinen Körper und legte den anderen Schenkel auf seine Hüfte. Sie hatte ihn in der Zange. Ihr Paradies war weit und offen und presste sich nass an seinen Schwanz. Er verstand die Aufforderung und ließ seinen Lustlümmel in die wartende Liebesgrotte gleiten. Frau Liebling stöhnte auf. Mit beiden Händen umfasste er ihre Pobacken, die er nicht mehr losließ. Eine Weile verharrten sie so ruhig und sahen sich an. Die halbgeschlossenen Lider von Frau Liebling verliehen ihr eine wolllüstige Arroganz, die Herr Liebling beim Ficken so an ihr liebte. Im Alltag konnte ihn dieser Blick auf die Palme bringen. Jetzt aber wusste er, dass Frau Liebling ihn wollte. Hier. Jetzt. Ganz. Ihr beider Atem wurde schneller. Herr Schatz begann, sich langsam und rhythmisch vor und zurück zu bewegen. Bei jedem Stoß stieß Frau Liebling einen kleinen Laut aus. Das befeuerte ihn. Er spürte, wie sich die Hitze in seinen Lenden staute, wie sein Rücken, sein Po, sein Schwanzkopf kribbelten. Aber er bemerkte auch, dass Frau Liebling ihm noch nicht folgen konnte. Er hörte kurz auf und schöpfte Atem, um nicht sofort zu explodieren und sich in ihr zu ergießen.

„Was ist?", fragte Frau Schatz verwirrt.

„Ich komme gleich", gestand Herr Schatz.

„Macht nichts, mach weiter", hauchte Frau Liebling.

Das ließ sich Herr Schatz nicht zweimal sagen. Er krallte seine Finger in ihren Hintern und stieß kräftig dreimal fest zu, begleitet von einem heftigen „Ah", das in einem langen „Ahhhhhh, wie geil" gipfelte. Erschöpft entspannte er sich. Auch Frau Liebling ließ sich in die Sofakissen sinken. Ihr Gesicht leuchtete, ihre Augen auch. Und die Haare sahen noch wilder aus als vorher.

„Tut mir leid", sagte Herr Schatz. „Aber du und deine Zange … ihr seid ganz schön heftig."

„Ja und?", raunte Frau Liebling kokett. „Du weißt doch, ich kann auch so genießen. Und wenn es mich stört, dass ich noch nicht gekommen bin, dann mache ich es mir, wenn ich nach dem Termin rechtzeitig nach Hause komme."

Sie machte sich von ihm los, zupfte ein Tempo aus einer Packung, die zufällig auf dem Couchtisch lag, presste es sich zwischen die Schenkel, sprang auf und lief ins Badezimmer. Die Tür blieb offen. Er hörte das Rauschen des Wassers und lief ihr nach. Heißer Dampf entstieg der Dusche. Hinter dem milchigen Glas sah er ihre Konturen. Sie räkelte sich und seifte sich voller Lust ein.

„Oder ich mache es mir jetzt, hier unter der Dusche", trällerte sie.

„Oh, Frau Liebling, da müsstest du schnell sein, ich glaube, in 45 Minuten beginnt dein Termin!"

Tipps aus der Liebling- und Schatzkiste

- Der frühe Vogel ...

Muss Sex wirklich immer am Abend stattfinden? Wahrscheinlich schon. Ist ja schließlich, mal abgesehen vom Wochenende, fast die einzige Zeit, die wir tatsächlich noch zu zweit verbringen. Nur: So richtig munter und vergnügt ist doch zu vorgerückter Stunde von uns gestressten Eltern keiner mehr. Deshalb: Nutzen wir den Augenblick! Jeden!!

- Gesund und schön dank Morgensex

Übrigens: Laut Erkenntnissen der US-Sexualforscherin Debby Herbenick von der Indiana University ist Morgensex sogar äußerst gesund.[3] Er setzt nämlich das Stress mindernde Bindungshormon Oxytocin frei. Das hat zur Folge, dass man sich – den ganzen Tag! – entspannt und verliebt fühlt und gleichzeitig das Immunsystem gestärkt wird. Für Frauen bedeutet der Östrogenschub darüber hinaus schönere Haut, Nägel und Haare. Wenn das kein Argument ist?!

---

[3] Naomie Piercey: „Your Year In ... Sex". Men's Health, Jan/Feb 2012, Vol. 27 Issue 1, p 120: www.menshealth.com/sex-women/your-year-sex (15.3.14).

- **Erotische Prioritäten setzen**

Gemeinsame Freizeit am Morgen ist für die meisten Eltern wahrscheinlich nur sehr selten machbar. Aber vielleicht, ja vielleicht ergibt sich doch ab und an ein zweites Frühstück: Ein Arztbesuch, die Handwerker oder eine wichtige Lieferung sind schließlich immens wichtig, stimmt's? Vor allem dann, wenn sich der Chef danach über derart frohgelaunte und motivierte Mitarbeiter freuen kann, weil Work und leidenschaftliches Life in Balance sind.

- **Probieren Sie!**

Wir lasen einmal davon, dass die Umfrage eines Waschmittelherstellers ergeben habe, dass jede europäische Frau etwa 34 Slips besitzt. 20 davon seien deklariert als „Unterwäsche für jeden Tag" und die anderen seien besonders sexy – reserviert für leidenschaftliche Nächte. Nur: Diese Teile sind zwar verheißungsvolle Geschenke, aber dämmern dann oft nur im ewigen Dornröschenschlaf in einer Schublade vor sich hin. Doch was ist, wenn die Kinder an einem verregneten Sonntagvormittag zum Spielen bei Freunden sind? Wie wäre es eigentlich, also nur mal so als Frage, mit einer spontanen Modenschau? Mal sehen, ob dabei alle 14 Slips auch wirklich drankommen ...

Stimmungswechsel

Einen so entspannten Tag wie diesen hatte Frau Liebling in letzter Zeit selten erlebt. Irgendwie war alles wie am Schnürchen gelaufen. Die Kinder hatten in der Früh weder gestritten noch gebockt, sie selbst war pünktlich aus dem Haus und zur Arbeit gekommen. Ihr Chef hatte ihr wider Erwarten nicht den Kopf abgerissen, sondern sie sogar mit einem neuen, interessanten Projekt beglückt. Außerdem war die Reparaturrechnung des Autos viel geringer ausgefallen als befürchtet. Und als ob dies nicht genug der Seifenoper wäre – so fühlte es sich für Frau Liebling heute fast an –, hatten beide Kinder noch gute Noten nach Hause gebracht und ihr dabei geholfen, das Abendessen zuzubereiten. Also wirklich, dachte Frau Liebling staunend, was für ein Tag! Müsste man abonnieren können!

Als sich die Kinder endlich in ihre Zimmer zurückgezogen hatten – Junior war schon eingeschlafen und das Fräulein Tochter würde sicher auch gleich das Licht ausmachen –, öffnete Frau Liebling eine Flasche Rotwein. Aus dem Spiegel im Flur, in den sie im Vorbeigehen einen Blick warf, schaute ihr heute ein gar nicht so abgespanntes Gesicht entgegen wie sonst um diese Uhrzeit. Sie fand sich richtig attraktiv. Und das wollte etwas heißen.

Wann wohl Herr Schatz heute nach Hause kommt?, fragte sie sich.

Sie stellte zwei Gläser und einen Teller auf den Tisch. Vielleicht hatte er dann ja noch Hunger. Da hörte sie endlich den Schlüssel im Schloss. Kurz darauf krachte die Tür. Eine Tasche rumpelte auf den Boden. Schuhe wurden ins Regal gepfeffert. Schließlich vernahm sie ein langgezogenes „Pfffffffff". Oje, das klang nach einem gar nicht entspannten Herrn Schatz. Frau Liebling kam ihrem Gatten entgegen.

„Wie war dein Tag, Herr Schatz?", fragte sie und hauchte ihm einen Kuss auf die Wange.

„Frag nicht…", antwortete er wortkarg und folgte ihr in die Küche. „Es gibt Tage, die streicht man lieber gleich aus dem Gedächtnis", brummte er. „Und Hunger habe ich auch keinen, sorry", sagte er entschuldigend. „Aber Wein, den brauche ich dringend!"

Frau Liebling schenkte Herrn Schatz großzügig ein. Es gab ihr einen kleinen Stich, als sie ihm das Glas mit einem aufmunternden Lächeln reichte, das er gar nicht zur Kenntnis zu nehmen schien. Sie spürte, wie ihre gute Laune zu verfliegen drohte. Denn insgeheim hatte sie sich, das wurde ihr gerade klar, einen anderen Abend erhofft. Ihre gute Laune war aus der Lust auf ihn entstanden. Aber als sie Herrn Schatz' abgespannte Gesichtszüge so betrachtete, war seinerseits kein Funken Verlangen zu spüren.

Plötzlich fiel ihr dieser Satz ein, den sie eigentlich total doof fand: „Der Appetit kommt beim Essen." Eine Idee keimte in ihr auf. Ja, das könnte funktionieren…

„Schatz, hast du Lust, auf dem iPad die Nachrichten anzusehen?", fragte sie scheinheilig und ging ins Wohnzimmer.

„Ja, warum nicht", antwortete er müde.

„Ich bereite es vor, warte einen Augenblick. Vielleicht kannst du die Oliven mitbringen. Die sind in der Speisekammer. Oder die Schokonüsse, wenn dir mehr danach ist", versuchte sie ein paar Augenblicke Zeit zu gewinnen.

Natürlich hatte sie nicht vor, mit ihm die Nachrichten zu gucken. Bei „Appetit" war ihr die kleine, wirklich feine Pornosammlung in den Sinn gekommen, die sie sich als Downloads – gut versteckt – gemeinsam auf dem iPad angelegt hatten. Ohne dürre Schönheiten mit riesigen Plastiktitten, die sich in irrwitzigen Verrenkungen einen Schwanz sonst wo hin stecken ließen und fünf muskelbepackte Beaus gleichzeitig bedienten. Was Frau Liebling an ihren pikanten Filmen so anmachte, war, dass der Sex irgendwie normal war und wundervoll gefilmt. Die Pärchen, die es da miteinander trieben, waren leidenschaftlich, fast verliebt, mit langem Vorspiel und Stellungen, die keine Yogaausbildung voraussetzten. Man spürte das Knistern, das Verlangen, das sich zwischen beiden aufbaute, die Steigerung der Begierde. Zum Geilwerden – auch für Frauen. Bei Männern soll das ja noch viel einfacher funktionieren.

„Komm, Herr Schatz", sagte sie geschäftsmäßig und klopfte mit der Hand rechts neben sich aufs Sofa. Willig setzte er sich neben sie und ließ sich tief in die Kissen sinken. Frau Liebling machte das iPad an, platzierte es auf ihren Knien und drückte auf den Pfeil für Play. Ein Pärchen küsste sich gerade leidenschaftlich. Zwischen den Küssen knöpften sie sich bei halb geschlossenen Lidern langsam Hemd und Bluse auf, zärtliche Finger strichen über Brüste…

Herr Schatz stutzte einen Moment und sah Frau Liebling überrascht von der Seite an. Er sagte nichts. Geflissentlich übersah Frau Liebling seinen Blick und schaute konzentriert auf den Bildschirm, als hörte sie gerade eine besonders fundierte Analyse zur entscheidenden Rettung des Euros. Ein paar Sekunden verstrichen. Herr Schatz unterdrückte ein Grinsen. Dann kuschelte er sich ein bisschen tiefer in die Kissen, während sich sein angespannter Körper zu lockern schien.

Frau Liebling sah dem verspielten Paar zu. Sie merkte, wie ihr Herz etwas schneller zu schlagen begann, wie es um ihre Venus herum anfing zu prickeln. Sie konnte nicht anders, sie musste ihre Hand in ihre Jeans, unter ihr Höschen stecken. Der enge Jeansstoff ließ ihrer Hand nicht viel Spielraum, er presste ihre Finger gegen ihre Klit, ihre Lustlippen. Sie spreizte Zeige- und Ringfinger und massierte dabei ihren langsam anschwellenden Freudenmund, um dann plötzlich ihre Finger wie eine Schere wieder zusammenzuzwicken. Ein herrliches Gefühl durchströmte sie, als sie so ihre Lustknospe drückte und quetschte, lockerte und wieder zudrückte.

Neben ihr blickte Herr Schatz ebenso gebannt auf den Monitor. Sein Atem ging etwas schneller, seine Augen spiegelten leichte Erregung. Ob er schon einen Ständer hat?, fragte sie sich. Vorsichtig tastete ihre Hand zu seinem Schoß. Strich über seine weiche Hose, die eine leichte Beule hatte. Mit einer Hand öffnete sie Gürtel, Hosenknopf, Reißverschluss. Tastend suchten ihre Finger nach seinem Slip, lüpften das Gummiband und schlüpften in die warme, wohlige Hosenhöhle. Sein Liebesstab, der an dem Film schon Gefallen gefunden hatte, zuckte kurz, als sie ihn berührte. Sanft strichen ihre Finger über den Schaft, krabbelten zu seinem Sack hinunter und kraulten seine Eier. In seinen Schwanz kam Leben. Er regte sich, wurde größer und steifer. Seine Hoden zogen sich zusammen und Herr Schatz seufzte hörbar auf. Auch sie spürte, wie die Szenerie des verspielten Films sie noch mehr erregte. Mit beiden Händen versuchte sie gleichzeitig, ihre beiden Unterleiber zu liebkosen, drückte mit ihren Fingern ihre Lustlippen und Knospe stärker zusammen, kraulte ihn, glitt an seinem Schaft hoch und balancierte weiter den Tablet-Computer auf ihren Knien.

Da setzte sich Herr Schatz mit einem Ruck auf, nahm das iPad von ihren Beinen und legte es auf den Couchtisch.

„Du bist echt total bekloppt", sagte er grinsend und nahm ihr Gesicht in seine Hände.

Er drückte seinen Mund auf ihre Lippen, seine Zunge suchte ihre Zunge, eine Hand presste sich auf ihren Busen, seine Finger drückten ihre steifen Nippel, dann streifte er ihr, ein bisschen ungeduldig fast, den Pullover über den Kopf, nestelte den BH auf.

„Total bekloppt", stöhnte er, „du schöne Frau, du!" In rekordverdächtigem Tempo zogen sie sich aus, die Kleider landeten unbeachtet auf dem Boden. Herr Schatz fasste ihre Hände, zog sie mit sich und legte sich rücklings auf das Sofa.

„Setzt dich auf mich", raunte er.

Was Frau Liebling liebend gern tat. Sie öffnete ihre Beine und setzte sich auf seinen prallen, geilen Schwanz. Der süße Duft ihrer feuchten Honighöhle stieg ihr verheißungsvoll in die Nase. Aufreizend presste sie ihr Becken auf Herrn Schatz und bewegte es langsam auf und ab.

„So?", fragte sie kokett.

„Fast", flüsterte er heiser.

„Oder doch lieber so?"

Sie ging ein bisschen in die Höhe und fasste mit einer Hand nach seinem Lustdolch. Ach, wie geil, wie prall er sich anfühlte. Herr Schatz stöhnte auf.

„Ja, komm, steck ihn rein in deine saftige Möse! Bitte!"

Flink dirigierte sie seinen Stab an den Eingang ihres Gartens. Dort ließ sie ihn ein paar Zentimeter weit in das wartende, feuchte Loch eindringen, bevor sie sich wieder etwas erhob und ihn fast rausflutschen ließ. Herr Schatz stöhnte. Dann ließ sie sich wieder auf ihm nieder, ein paar Zentimeter durfte er hinein, und wieder flutschte er fast hinaus. Und dann, als er gerade wieder gierig an die Lustgrotte klopfte, setzte sie sich mit einem Ruck auf ihn und nahm ihn tief in sich auf. Beide stöhnten gleichzeitig auf. Frau Liebling legte ihre Hände auf ihre Hinterbacken, streckte den Rücken durch und ihm ihre Titten entgegen, während sie begann, sich rhythmisch hin und her zu bewegen. Herr Schatz hob seine Hände ihren springenden Pfirsichen entgegen, so dass sich die steifen Knospen aufreizend an seinen Handflächen rieben.

„Oh ja, das gefällt mir", brachte Frau Liebling hervor und legte den Kopf in den Nacken. „Das spüre ich bis in die Möse. Geil ist das..."

Sie löste eine Hand von ihrem Po, führte die Hand an ihren

Mund, machte Zeige- und Mittelfinger nass und setzte sie an ihre Perle. Jetzt bewegte sie sich immer schneller, ihr Atem wurde schneller, sie keuchte, hüpfte auf und ab. Das Kribbeln in ihrem Nest wurde wärmer und immer stärker, sie spürte, wie sich ihre Beckenmuskeln zusammenzogen. Noch ein bisschen, ein bisschen fester, dachte sie, ließ sich schwer auf seinen Schwanz fallen, drückte ihren Kitzler.

„Ahhh, ah, aaaahhh", gurgelte es aus ihr heraus. Sie kam, schön, tief.

„Weiter", grunzte Herr Schatz, „mach weiter, bitte."

Obwohl sich alles drehte und sie sich so gern auf ihn fallen gelassen hätte, blieb sie im Rhythmus, setzte ihre Hände auf seine Brust und fickte ihn, bis auch er kam.

Erschöpft ließ er die Hände neben sich auf die Couch fallen. Genau in diesem Moment entdeckte Frau Liebling auf dem Couchtisch die Schale mit den Schokonüssen, die er vorhin aus der Küche mitgebracht hatte. Sie nahm eine ganze Handvoll davon und presste sie auf seine geschlossenen Lippen. Überrascht riss Herr Schatz Mund und Augen auf, und während er gierig nach den Süßigkeiten schnappte, sagte Frau Liebling strahlend: „Na, sag selbst – das Leben ist nicht nur schlimm, Herr Schatz, oder?"

Tipps aus der Liebling- und Schatzkiste

- **Unterschiedliche Stimmungen aushalten**

Es kommt immer wieder vor: Der eine hat einen guten Tag und schon die ganze Zeit Lust auf Sex. Er freut sich auf den anderen und ist total überzeugt, dass es dem Partner genauso geht. Aber: Pustekuchen! Totale Lust prallt auf absoluten Stress. Und dann? Passiert entweder gar nichts oder einer von beiden fühlt sich überrumpelt und gedrängt, weil er wirklich nicht will, während sich der andere gekränkt zurückzieht, weil seine Avancen

zurückgewiesen wurden. Sieht also nach programmiertem Streit aus. Deshalb: Reden hilft immer. Und die eigenen Wünsche nicht einfach so hintanzustellen, auch.
- **Kleine Risiken eingehen**

Der subtile Versuch, den Partner zu animieren, lohnt sich bestimmt. Muss ja gar nicht immer das große Ding mit Badewanne, Duftkerzen und Ölmassage sein. Warum nicht einfach mal ein wirklich netter Porno? Ein paar Minuten verzehrfertige Lust, köstlich gefilmtes Miteinanderschlafen statt technischem Ficken. Hübsche Paare, sie ohne falsche Brüste, er ohne falsche Scham. Ist zwar leider immer noch eine Rarität, gib es aber (Empfehlungen siehe Anhang, Seite 221).

Stille Post

Er ist also wieder mal weg, der Herr Schatz. Auf einer seiner ach so wichtigen Dienstreisen. Das Gemeine daran ist, dass er immer dort hinreist, wo sie auch gern wäre: London, Seattle, Singapur. Und nun ist es Palma de Mallorca, bei 25 Grad, während sie fröstelnd im tristen, deutschen Novemberdunkel sitzt. Die Kinder sind endlich im Bett, und Frau Liebling ist neidisch auf Herrn Schatz, während sie lustlos die Belege für die überfällige Umsatzsteuervoranmeldung sortiert. Träge nimmt sie einen Schluck Tee und starrt gedankenverloren vor sich hin. Plötzlich ist da dieses türkisblaue Meer, dieser leuchtende Strand, diese flirrende Hitze, Bilder vom vergangenen Sommer. Spontan klappt sie ihren Laptop auf und schreibt Herrn Schatz eine Mail:

Betreff: Du da – ich auch
17. November, 21.36 Uhr

Übrigens, Herr Schatz, ich bin dir heimlich gefolgt…

Betreff: Re: Du da – ich auch
17. November, 21.38 Uhr

Echt? Wo bist du? Ich liege völlig platt im Hotel im Bett und checke gerade noch meine Mails.

Von meinem iPad gesendet

Betreff: Re: Re: Du da – ich auch
17. November, 21.40 Uhr

Ich bin an unserem Strand. Du weißt schon… Erinnerst du dich?

Betreff: Re: Re: Re: Du da – ich auch
17. November, 21.41 Uhr

An unserem Hippiestrand, hier auf der Insel?

Von meinem iPad gesendet

Betreff: Re: Re: Re: Re: Du da – ich auch
17. November, 22.01 Uhr

…den Strand an Mallorcas Küste kannte sie schon. Im Laufe der vergangenen zehn Tage war Frau Liebling immer mal wieder daran vorbeigefahren, hoch oben, auf der Landstraße. Tief unten lag der verheißungsvoll türkisfarbene Bogen. Einmal hatte sie das Auto sogar oben geparkt. Gemeinsam mit ihrem Mann, den beiden Kindern und allerlei Gepäck für einen entspannenden Badenachmittag lief sie den steilen, zugewachsenen Trampelpfad hinab Richtung Paradies. Sie blieben allein, badeten nackt, tollten mit den Kindern im Wasser und am Strand.
  Heute Vormittag aber, wenige Tage vor dem Rückflug, hatte Frau Liebling vier Stunden für sich allein. Herr Schatz hatte es ihr angeboten. Er wollte mit den Kindern auf der Finca bleiben. Es war früh, erst kurz nach neun, und die Sonne brannte auf den Boden, als wollte sie Wärme spei-

chern für kältere Tage. Frau Liebling zog es wieder zu dieser Bucht. Sie trug ein kurzes, hellblaues Trägerkleid – mehr nicht. Obwohl es draußen heißer war als im Inneren des Mietwagens, hatte sie die Fenster geöffnet…

Betreff: Re: Re: Re: Re: Re: Du da – ich auch
17. November, 22.18 Uhr

Wow, wie bist du denn drauf? Aber O.K., ich habe verstanden ;-) …
Der Fahrtwind schob ihr Kleid bis zum unteren Ende des Sicherheitsgurts. Der Wind kitzelte, genau zwischen dem Kupplungs- und dem Gaspedalbein. Da, wo ein schmaler Haarstreifen in ihrem Venus-Delta mündete. Die schnelle, rhythmische Musik aus dem Radio ließ das Lenkrad leicht vibrieren. Frau Liebling öffnete die Oberschenkel etwas weiter, um noch ein wenig mehr Wind zu spüren. Es war herrlich: dieses Gefühl, einfach mal wieder allein zu sein. Frei, ohne jede Verantwortung.
Natürlich parkte sie da, wo sie mit ihrer Familie beim letzten Mal geparkt hatte, packte ihre Strandtasche, eine Flasche Wasser, ein Handtuch und schnalzte mit ihren Flip-Flops den Weg durch die Sträucher hinab zu dieser Verheißung in Türkis. Schon aus der Ferne sah Frau Liebling – niemanden. Da war niemand. Sie würde die ganze Bucht für sich allein haben. Ein kleiner Jauchzer, dann begann sie das Lied zu summen, das sie eben noch im Auto gehört hatte – Party-Mucke.
Unten angekommen, lief sie 30, vielleicht 40 Meter durch den heißen Sand zu einem Busch, der zumin-

dest der Wasserflasche Schatten spenden konnte. Was für ein Tag! ...

Von meinem iPad gesendet

Betreff: Re: Re: Re: Re: Re: Re: Du da – ich auch
17. November, 22.35 Uhr

... Sie breitete ihr gelbes Handtuch aus, streifte die Flip-Flops ab und zog sich dann im Sitzen das Kleidchen über den Kopf. Direkt vor ihr schwappte das Meer in immer neuen Zungen an Land. Aaaah! Frau Liebling streckte die Arme über den Kopf, die Hände ineinander verschränkt. So, als würde sie gerade aufwachen. Ihr Busen hob sich. Das Gefühl, plötzlich ganz nackt zu sein, bereitete ihr eine wohlige Gänsehaut. Ihre Brustwarzen zogen sich augenblicklich zusammen und wurden hart.
„Erst baden oder erst eincremen?", murmelte sie fragend vor sich hin. Erst baden! Ein bisschen Abkühlung konnte ihr Körper nach der Autofahrt brauchen. Sie zog einen Schwamm aus ihrer Strandtasche und lief zum Wasser. Die Wellen umspülten ihre Füße, ihre Waden, ihre Knie. Ein leichter, angenehmer Schauer lief ihr über den Rücken und ließ ihre Brustwarzen noch härter werden. Langsam stieg sie tiefer ins erfrischend kühle Wasser. So weit, bis es ihre erhitzte Venus berührte. Sie zuckte zusammen, als die erste Welle ihre Venuslippen streifte. Hmmmm, das war gut. Mit ihrem Schwamm, den sie auf keiner ihrer Reisen vergaß, befeuchtete sie nun ihren ganzen Körper: die Arme, den Hals, das Gesicht, in kreisenden Bewe-

gungen die Brüste, dann den Bauch. Immer wieder tauchte sie den Schwamm ins Wasser, drückte ihn aus und ließ das Nass an sich herabrieseln. Schließlich zog sie sich wieder ins flachere Wasser zurück, wo sie sich in der Hocke von den Wellen umspielen ließ. Sanft öffnete sie mit ihren Fingern ihre Venuslippen etwas. Sie schloss die Augen und legte den Kopf in den Nacken. Mit einer Hand stützte sie sich ab, mit der anderen ließ sie den Schwamm zwischen den Beinen tanzen. Erst mit großen, weichen Bewegungen, dann immer kleiner, fester und fordernder. Das Wasser schwappte, sie schnappte nach Luft und genoss die kleinen Blitze hinter geschlossenen Lidern.

Betreff: Re: Re: Re: Re: Re: Re: Re: Du da – ich auch
17. November, 22.52 Uhr

Mit einem letzten „Aaaaaaaaaaahhhhh" ließ sie sich rückwärts in den Sand plumpsen. Doch plötzlich hörte sie etwas, direkt hinter sich: „Wow! Das ist aber eine leidenschaftliche Morgentoilette!" Die männliche Stimme klang etwas heiser, wie erregt. Wie erstarrt blieb Frau Liebling im Sand liegen, Angst hatte sie merkwürdigerweise nicht. Dafür klang die Stimme zu samtig – zu angenehm. Sie öffnete die Augen, streckte den Kopf nach hinten und blickte erst in den Himmel und dann auf einen imposanten Schwanz, der in den Himmel ragte. Hinter ihr hockte ein Mann, nackt, braungebrannt, leuchtende, graublaue Augen.

„Was machen Sie …", setzte sie fragend an und drehte sich mit einem schnellen, hektischen

Schwung vom Rücken auf den Bauch. Neben ihr im Sand lag der Schwamm, mit dem sie doch eben noch so virtuos gespielt hatte, als sei er erschöpft.

„Ich liege da hinten", sagte der Mann schmunzelnd und deutete auf eine türkisblaue Matte in einer kleinen Sandkuhle neben einem anderen Busch, vielleicht 20 Meter von Frau Lieblings Lager entfernt. Auf der Matte lag etwas, das aussah wie ein Schlafsack. „Ehrlich gesagt bin ich mir ziemlich sicher, dass ich schon vor Ihnen hier war. Ich habe hier übernachtet. Eine Nacht, nur für mich. Und Sie? Haben Sie mich vorhin gar nicht gesehen?" Frau Liebling war völlig durcheinander. Eben noch diese orgiastischen Blitze, das herrliche Gefühl, ganz allein zu sein, im Wasser und im Sand. Und jetzt lag sie hier auf dem Bauch zwischen den Beinen eines wildfremden Mannes, der sie hinter seinem immer noch mächtigen Ständer einfach nur unverschämt anlächelt. Und das Merkwürdigste: Sie hatte überhaupt keine Lust, diese Position zu verändern. „Ich, äh, wusste, äh, also ich dachte, dass ich hier, äh, dass ich hier allein …" Ihr Stammeln machte die Sache nur noch schlimmer.

„Ich bin Linus. Darf ich mich setzen?", fragte er.

Von meinem iPad gesendet

Betreff: Re: Re: Re: Re: Re: Re: Re: Re: Du da – ich auch
17. November, 23.23 Uhr

„Eigentlich nicht", entgegnete sie fast trotzig. „Eigentlich will ich, dass du bleibst, wo du bist."

Sie hörte sich reden und staunte. War das wirklich sie, die ach so nette, die sonst Frau Liebling hieß?

Mit einem Lächeln betrachtete sie den prallen, geäderten Ständer vor sich. Er war beschnitten, das fiel ihr sofort auf, und er war ziemlich sonnengebräunt. „Den lässt du aber ganz schön oft an die frische Luft", sagte Frau Liebling und staunte schon wieder über ihre nassforsche Art.

„Das hat er doch auch verdient, oder?", konterte er.

„Ganz ehrlich: Um das zu beurteilen, kenne ich den nicht gut genug", flachste sie. Irgendwie gefiel ihr der Typ. Gleichzeitig war auch völlig unklar, wie diese Situation hier weitergehen sollte. Schließlich erhob sich Frau Liebling. Auf allen Vieren kniete sie nun Auge in Auge vor dem Mann, der immer noch vor ihr hockte und dessen Schwanz jetzt nur noch auf Halbmast stand.

„Darf ich etwas machen, was ich schon lange nicht mehr bei einem anderen Mann als meinem eigenen gemacht habe?", fragte sie vorsichtig.

„Wenn du möchtest, was ich möchte – gerne", sagte er. Ihre gegenseitige Höflichkeit hatte etwas Irreales. Etwas, das in Büros und Hotelhallen passte, aber nicht hierher, an diesen einsamen Strand.

Sie beugte sich leicht nach vorn und nahm die rötliche Spitze seines Schwengels in den Mund. Mit der linken Hand gab sie Linus einen leichten Schubs gegen die Brust, so dass er langsam in den Sand nach hinten fiel. Er lag nun vor ihr wie ein gestrandetes Schiff. Ein Einmaster. Immer noch auf allen Vieren kroch sie ein Stück weiter und ihre Lippen glitten erneut über seine Schwanzspitze. Dieses Mal mutiger, nahm sie den Schwanz tiefer in den Mund und ließ ihn ganz langsam wieder herausgleiten. Sie schaute ihn an. Seine Augen waren geschlossen. Aus ihrem Mund ließ sie Speichel auf das Prachtstück tropfen und verteilte das selbst produzierte Gleitmittel mit der Zunge über Eichel und Schaft. Er fühlte sich warm und kühl zugleich an.

Betreff: Re: Re: Re: Re: Re: Re: Re: Re: Re: Du da – ich auch
17. November, 23.53 Uhr

Mit Daumen und Zeigefinger der einen Hand umklammerte sie das untere Ende des Schwanzes und begann, ihn mit sanften Bewegungen auf und ab zu massieren, während sie den oberen Teil in ihrer speichelfeuchten Mundhöhle verschwinden ließ.

Er stöhnte auf. „Oooh, das ist guuut." Aus dem Suchen und Finden wurde ein rhythmisches Auf und Ab, das den ohnehin schon imposanten Luststab noch weiter anschwellen ließ. Nach einer Weile spürte er, wie die Hand von seinem Schwanz verschwand. Da war nur noch Mund. Er hob seinen Kopf leicht an, blinzelte in die Sonne und sah wie die Hand an ihrem Busen und am Bauch entlang strich und dann zwischen ihren Beinen verschwand. Ihr Po war hoch in den Himmel gestreckt. Mit Zeige- und Mittelfinger strich Frau Liebling genussvoll an ihren Schamlippen entlang. Eine verheißungsvolle Mischung, zusammen mit der leichten Meeresbrise.

Minutenlang blieb das ihr Spiel. Mit Mund und Zunge verwöhnte sie das Gemächt ihrer unbekannten Strandbekanntschaft, gleichzeitig mit ihren Fingern ihre Spalte, die inzwischen ebenso feucht war wie das Meer. Irgendwann wurde ihre Hand müde. Sie stützte sich, immer noch in tierischer Haltung, wieder beidhändig auf und saugte, lutschte und leckte weiter. Es war ein grandioses, berauschendes Gefühl, diesem Fremden zu geben, was ihm so gefiel.

Aber plötzlich war da noch etwas, etwas völlig Überraschendes, Unerwartetes. Etwas, dass sich anfühlte wie … ja, wie … wie ein Schwanz. Etwas, das zögerlich von hinten in sie eindrang.

Sie ließ von seiner Luststange ab und blickte fassungslos über ihre Schulter nach hinten. Wirklich erschrecken konnte sie heute zwar nichts mehr, aber … Hinter ihr kniete ein athletischer Junge, vielleicht 24 Jahre alt. Seine Boxershorts hing noch in seinen Kniekehlen, an den Füßen trug er Taucherflossen, auf dem nassen Kopf eine Taucherbrille samt Schnorchel.

„Sorry, I couldn't resist", sagte er grinsend und schulterzuckend. Und: „I was diving over there." Während er mit einem Finger in das Meeresnichts zeigte, stieß er fast zeitgleich das erste Mal kräftig zu. Gar nicht schlecht, Frau Lieblings familienfreier Vormittag an einem einsamen Strand: Vor ihr ein ungläubig dreinschauender Linus mit diesem unglaublichen Schwanz, hinter ihr ein völlig fremder, jugendlicher Taucher, der ihr das gab, wonach sie sich gerade gesehnt hatte.

Von meinem iPad gesendet

Betreff: Re: Re: Re: Re: Re: Re: Re: Re: Re: Re: Du da – ich auch
18. November, 00.19 Uhr

„Also echt!", rief es empört aus ihr heraus. Sie war ärgerlich, dass sich da einer so völlig ungefragt an ihr ergötzte. Wer war sie denn? Sie war gerade so erregt gewesen, und da kam diese eingebildete Knalltüte an! Ziemlich wütend funkelte sie ihn an.

„Oh, I'm sorry", sagte nun der Fremde ein bisschen kleinlaut. „But I would like to stay here, with you."

„Meinetwegen", brummelte sie, schon halb versöhnt. Aber auf jeden Fall wollte sie bestimmen, wer was wie mit ihr machte. Der Fremde ließ sich in den Sand fallen. Sein Schwanz ragte immer noch prachtvoll auf. Er stützte sich im Sand ab und guckte neugierig-unschuldig, wartete offensichtlich, wie es nun weitergehen würde. Der andere schmunzelte in sich hinein.

Na warte, wenn du so weitergrinst…, dachte Frau Liebling und machte sich wieder über seinen pulsierenden Stab her, leckte und saugte. Linus zuckte schon unter ihr, er stöhnte. Es war klar, dass er sich bald nicht mehr würde beherrschen können.

Und der Fremde im Sand? Er hatte währenddessen seine Hand an seinen Schwanz gelegt und massierte ihn kraftvoll. Seine halb geöffneten Augen blickten immer noch direkt zwischen ihre Beine, die sie noch ein bisschen weiter gespreizt hatte. Mit einer Handbewegung machte sie ihm klar, dass SIE es ihm jetzt erlaubte, in sie einzudringen.

Betreff: Re: Re: Re: Re: Re: Re: Re: Re: Re: Re: Re: Du da –
ich auch
18. November, 00.39 Uhr

Das ließ sich der Fremde nicht zweimal sagen. Er kniete sich hinter sie in den Sand, umfasste ihr Becken und drang mit einem Ruck in sie ein. Es flutschte nur so, feucht, wie sie schon war. Sie stöhnte auf. Er bewegte sich schnell, fast hatte sie Probleme, mit ihrem Mund im Rhythmus zu bleiben. Doch dann war es ihr egal, mit einem Schlag kam sie, laut und stöhnend, Linus explodierte in ihr und der Fremde hinter ihr umklammerte sie wie ein Ertrinkender, während er in ihr zuckte.

Und da lagen sie dann. Zwei Männer und eine Frau, an einem einsamen Strand auf Mallorca. Wie Ertrunkene, ertrunken in einem Meer aus Lust, Taumel, Sonne und Hitze. Erschöpft, verschwitzt und voller Sand, die Augen geschlossen. Frau Lieblings Busen bebte immer noch. Ihr Atem ging schnell, als wäre sie gerade mitten in einer Trainingsstunde in ihrem Fitnessstudio zu Hause.

Von meinem iPad gesendet

Betreff: Re: Re: Re: Re: Re: Re: Re: Re: Re: Re: Re: Du da –
ich auch
18. November, 00.58 Uhr

„Das gibt's nicht", murmelte sie vor sich hin. „Das gibt's doch alles gar nicht." Aber sie spürte noch das Zittern ihrer Beine, die flammende Hitze zwischen ihren Beinen. Sie schmeckte noch dieses

Cremige. Wie spät mochte es sein? Wie lang war sie schon hier? Und wer würde ihr glauben, was ihr auf diesem kleinen Ausflug passiert war? Sie fühlte sich großartig, wie befreit.

Die Sonne brannte jetzt viel stärker als in den Minuten, in denen sie noch ahnungslos ihr Handtuch ausgebreitet hatte. Es schien Ewigkeiten her. Sie lag auf dem Rücken und spürte, wie das Meer an ihren Füßen züngelte. Es fühlte sich herrlich an. Zwischen ihren Pobacken kitzelte Sand. Langsam, fast widerwillig öffnete sie die Augen und sah: Nichts. Niemanden. Da war kein Strandnachbar. Da war kein Taucher. Sie lag allein, neben ihr der feuchte, aufgeweichte Schwamm. Ihr Schwamm.

„Das gibt's nicht", wiederholte sie, dieses Mal nur noch fassungsloser und erstaunter. Sie drehte sich um ihre eigene Achse, suchte mit Blicken das Ufer ab, die Büsche, den schmalen Pfad hinauf zur Landstraße, das Meer. Sie war allein, ganz allein, mitten in aufgewühltem Sand.

„Das kann doch nicht wahr ... ich hab das doch nicht geträumt?!", stammelte sie vor sich hin und ging wie ferngesteuert ins Wasser. Das wird gut tun, dachte sie und begann zu schwimmen. Sie spürte ganz deutlich, wie ihre Venus prickelte und brannte. Das konnte kein Traum gewesen sein.

Tipps aus der Liebling- und Schatzkiste
- „Dirty Talking" macht Spaß ...

... und das selbst in besten Kreisen. Ein anzügliches Wort per SMS, ein Gedanke per Mail: Kommt etwas Passendes zurück, treibt es den frechen, frivolen Gedanken weiter voran und schon entsteht möglicherweise eine kleine Geschichte, eine erotische Fantasie. Man muss sich eben nur trauen, das erste Wort, den ersten Satz zu schreiben und zu verschicken. Wie reagiert der andere? Spielt er mit?

Wichtig ist bei all dem das Verständnis und der Respekt für ein mögliches „Nein". Kommt das Spiel aber in Fahrt, lohnt es sich, einfach mal dem nachzuspüren, was man dabei fühlt: Ist es ein wohliges Kribbeln, eine heimliche Erregtheit, Unbeschwertheit, Heiterkeit? Worte per Mail oder SMS sind ja nichts Wirkliches, in dem wir uns gemeinsam mit unserem Partner verlieren. Aber vielleicht offenbaren wir uns damit gegenseitig heimliche Wünsche. Vielleicht schwelgen wir auf einmal in frivolen Bildern, wilden Stellungen und verbotenen Praktiken. Weil: Es ist ja nur Fantasie!

- **... und befreit**

Eigentlich sollten diese kleinen digitalen Korrespondenzen ja apothekenpflichtig sein. Wir glauben nämlich, dass sie heilende Kräfte haben. Weil sie einen auf andere Gedanken bringen und – wenn der Adressat auf das Spiel eingeht – Vorfreude auf ein gemeinsames Stelldichein machen. Weil man schreiben darf, was man sich schon lange nicht mehr zu sagen oder zu tun traute. Und das darf nicht nur dirty, sondern auch quick sein.

- **Wichtig: Immer mit Sicherheits-Check**

Seien Sie vorsichtig und wählerisch, was das Medium der Liebesspielkorrespondenz betrifft: Finger weg vom Mailaccount im Büro! Zum einen werden die nicht gelöschten Mails – und wer löscht schon seine versendeten E-Mails? – in den meisten Firmen nachts auf dem Server gespeichert. Zum anderen könnte der Chef heimlich mitlesen. Oder ein Kollege entdeckt Ihre kleinen, dreckigen, sagenhaften Fantasien zufällig. Denken Sie daran, dass es Ihrer beider Fantasien sind – Gedanken- und Traumwelten, die Sie sich mit Ihrem Partner gemeinsam erobert haben. Intime Geständnisse also, die nicht für andere bestimmt sind. Deswegen: Unachtsamkeit oder gar Weiterleiten an Dritte strengstens untersagt!

Sommer auf dem Balkon

Als Erstes kommen die Schuhe dran. Kaum, dass sich in dem kleinen Hotel am Prenzlauer Berg die Zimmertür mit der Nummer 38 öffnet, fliegt eine hellblaue Riemchen-Sandalette durch die Luft und landet kurz vor dem Papierkorb unter dem Schreibtisch, gefolgt von einer zweiten, die es gerade mal bis zum Bett schafft. Dann kommt ein Seufzen, das, nun ja, eher wie ein Uffzen klingt. Und dann Frau Liebling, von der das seufzende Uffzen kam – und vorher die Sandaletten.

Ein cremefarbenes Sommerkleid trägt sie, sogar auf dem sind kleine verschwitzte Flecken zu sehen. Weil es heiß ist in Berlin, sehr heiß. Die Stadt scheint zu dampfen. Ausgerechnet an diesem Wochenende, an dem Stella getauft wird, das überraschenderweise doch noch erschienene zweite Kind von Freunden. Zwölf Jahre nach der Geburt des ersten.

Die Idee, bei der Taufe dabei zu sein, war eine ziemlich spontane, die Flüge in diese flirrende Stadt waren so billig, dass Familie Liebling-Schatz schnell noch zusagte, weil – zumindest für ein Wochenende – plötzlich alles so einfach schien. Vier Flüge, zwei Hotelzimmer, eine Taufe.

Und: eine fast tropisch heiße Nacht. Es ist schon nach Mitternacht und trotzdem sind es bestimmt noch 30 schwüle Grad. Frau Liebling und Herr Schatz hatten vor dem Hotel noch einen Absacker genommen, während die Kinder nach einer turbulenten, ganztägigen Taufe mit vielen tobenden Altersgenossen ohne großes Maulen und freiwillig ins Bett gefallen waren. Trotzdem klebte Herr Schatz mindestens zwei, drei Minuten mit seinem Ohr an der Tür von Zimmer 37, dem Zimmer der Kinder, um zu hören, ob er wirklich nichts hören kann.

Frau Liebling hat im gleichen Moment ein Zimmer weiter nur noch einen Wunsch: eine Dusche, eine kühle, erfrischende Dusche. Mit einer yogaartigen Verrenkung öffnet sie den Reißverschluss am Rücken ihres Kleides und lässt es einfach zu Boden gleiten, und obendrauf, als Stoff gewordenes Sahnehäubchen, ihren hauchdünnen Slip. Ziemlich verklebt fühlt sie sich, verklebt und verschwitzt. Ach, wie herrlich, die Dusche jetzt. Das Badezimmer mit dem schwarzen Waschbecken, den mintfarbenen Kacheln und den in die Fugen eingelassenen Bruchstücken aus der Berliner Mauer ist keineswegs luxuriös, aber genauso wie Badezimmer in dieser verrückten Stadt eben sein sollen: funky, ein wenig abgewohnt, unprätentiös.

Müde, aber vergnügt summt sie Improvisiertes vor sich hin und stellt die Dusche an, während Herr Schatz schließlich sein Ohr von der Kinderzimmertür löst und nochmals treppab geht. Einen Gute-Nacht-Prosecco auf dem Zimmer hat er seiner Frau Liebling versprochen, als sie schon auf dem Weg hinauf waren. Eigentlich nur so aus Spaß, aber sie hat prompt voller Begeisterung zugestimmt. Es ist eine dieser seltenen Nächte, in denen es kein „Nein" zu geben scheint. Herr Schatz zieht los, läuft durch die alles umhüllende Schwüle den holprig gepflasterten Bürgersteig am Prenzlauer Berg hinab zur großen Torstraße. Da, wo Geschäfte und Kioske sind, für die es nur Öffnungs- und keine Schließzeiten gibt.

Die Dusche hält, was sich Frau Liebling versprochen hat. Ein kühles, fließendes Nass, mehr will sie ja gar nicht, ein frischer Schauer, der ihre Haut prickeln lässt, aber nicht frieren. Nach einer Weile stellt sie das Wasser ab, legte sich ein Handtuch um die Hüften und trippelt, ohne sich überhaupt abgetrocknet zu haben, erst zum Lichtschalter, um alle Lampen im Zimmer zu löschen, dann zur Balkontür. Sie öffnet sie behutsam, setzt sich auf dem großzügigen Balkon in einen der beiden geflochtenen Sessel und streckt ihre müden Beine auf einem kleinen Beistelltisch aus, den sie sich kurz zurechtschieben muss. Vor Blicken gut geschützt durch eine imposante, gemauerte Brüstung. Es ist einer dieser flüchtigen und deshalb so kostbaren Momente, in denen plötzlich alles gut scheint, in denen das Leben nichts von einem will ... in denen Frau Liebling fast schon ein schlechtes Gewissen hat, weil sie diesen Moment irgendwem gestohlen zu haben scheint.

Von unten rauschen durch die Nachthitze die diffusen Geräusche der Stadt auf den Balkon: Stimmen, Gelächter, Motorengebrumm, irgendwo eine Rettungssirene. Glücklich und frei fühlt sich Frau Liebling, weil alles plötzlich so fern und weit weg ist. Die ewige Hektik zu Hause, das ständige Fordern von Kindern und Arbeit, das Kämpfen gegen Zeit und Chaos. Sie öffnet das Handtuch um ihre Hüften, auf dem sie nun einfach sitzt, nackt und ein wenig verwegen, und verschränkt mit einem leisen Seufzen – ganz ohne Uffzen – die Hände hinter ihrem Kopf. Bis sie sich wieder voneinander lösen, die Hände, eine bleibt am Hinterkopf hängen und die Fingerkuppen der anderen streichen unendlich sanft am Hals hinab, über die Schultern und das Schlüsselbein zwischen den Brüsten hin zum Bauch, bis die Außenseite ihrer Hand an einer Flanke ihres Oberkörpers wieder hinauf streicht, zum Ansatz ihres Busens, um ihre Nippel herum und dann tiefer, über den schmalen Haarstreifen zum Delta zwischen ihren Beinen, die sich auf einmal wie von selbst öffnen.

„Ich darf das", flüstert sie vor sich hin, „ich will das." Und macht doch die Augen auf, weil sie sich einen kurzen, herzklopfenden Moment beobachtet fühlt, hier draußen, von ganz Berlin, von den schlafenden Kindern im Zimmer nebenan, vom dunklen Nichts.

„Jetzt."

Frau Lieblings Augen sind wieder geschlossen, und zu der einen Hand hat sich die zweite gesellt, streicht ebenso langsam an den Innenseiten der Oberschenkel auf und ab und dann außen über die Lenden und den Bauch über die fast kitzlig empfindsamen Seiten zum Busen. Nimmt die Nippel, die schon hart sind, zwischen Daumen und Zeigefinger, zwirbelt sie sachte, ganz sachte und spürt dieses leichte Ziehen bis nach unten, ins Delta der Lust.

„Je-he-tzt", entfährt es ihrem Mund nochmals leise, und dann wandern ihre Finger zwischen ihre Beine zum Tempel ihrer Freuden und gleiten im Wechsel über ihre weichen Lippen auf und ab, streichelnd erst, dann massierend und kreisend, bis sie, erst mit einem, dann mit zwei Fingern der linken Hand in ihre feuchte Gier taucht. Dort verharrt sie und spürt diesem wohligen Gefühl des Ausfüllens nach, während sie mit dem Zeige- und dem Mittelfinger der rechten Hand ihre Klitoris umkreist, in endlosen Kreisen, die sich auflösen, als sich beide Finger spreizen und an den Schamlippen hinab streichen, bis sie nicht mehr weiterkönnen, weil sie auf die Finger der anderen Hand stoßen, die sich in zartem Rein und Raus in ihr versenken.

In weitem Winkel liegen ihre Beine nun auf dem kleinen Tisch, zittrig vor Lust, gleichschenklig.

„Ist. Das. Geiiiiiil", stößt sie leise aus, als ihre Bewegungen rhythmischer werden. Die Finger der linken Hand in ihr, die der rechten rotierend auf ihrer Klit. Und sie hört dabei gar nicht, wie sich die Tür ihres Zimmers öffnet und schließt und wie er leise näher kommt, der Herr Schatz, mit einer eiskalten Flasche Prosecco, wie er im Dunkel der Balkontür verharrt und sie betrachtet, wie sie sich beglückt und beschenkt und begeistert, ihr Atem stoßweise, ihre Finger auch. Was für ein geiler Moment, in dem Frau Liebling kommt, mit einem leisen, langgezogenen Seufzer hinter zusammengepressten Lippen, sich im Sessel windend, nicht ahnend, dass auch ihr Herr Schatz gekommen ist, mit einer Flasche Schaumwein, und sie heimlich beobachtet. Ein Moment, den beide auskosten. Ein Zwischendurch auf dem Balkon, in dem sie ganz bei sich ist und Herr Schatz bei ihr, seiner Frau. Die nichts, so gar nichts ahnt, bis sie ihre Augen langsam öffnet, matt vom abgeklungenen Höhepunkt, beide Hände gefaltet zwischen ihren geschlossenen Beinen. Bis Herr Schatz sich leise räuspert und einfach nur „Wow!" flüstert und ihr Kopf seitwärts nach hinten fliegt, erschrocken ein bisschen, aber vor allem unglaublich entspannt und zufrieden.

„Sie haben einen Prosecco bestellt?", säuselt Herr Schatz und lehnt immer noch mit der Schulter am Stock der Balkontür.

„Und Sie haben viel zu viel an", sagt Frau Liebling. „Ausziehen, aber schnell! Und Flasche her."

Während sich Herr Schatz aus seiner Chino und seinem weißen, ohnehin schon halb aufgeknöpftem Halbarmhemd schält, öffnet sie die Flasche mit dem praktischen Drehverschluss und nimmt einen Schluck – ganz ohne Glas.

„Prost, mein Sommerliebling", flüstert er, „wie geil ist das denn." So geil jedenfalls, dass sein Schwanz schon jetzt steht. Einfach so. So geil, dass Frau Liebling mit der Flasche Prosecco näher kommt. Und so geil, dass plötzlich sein Schwanz prickelt und er sich fragt, ob es sich so anfühlt, wenn man ein Noppenkondom verkehrt herum überstreift, während Frau Liebling strahlt, weil sich auf dem Kachelboden unter den beiden eine kleine Pfütze gebildet hat. In einem zweiten, großen Schwung schüttet sie nun nochmals Prosecco über seine steife Pracht, geht vor Herrn Schatz in die Hocke und nimmt erst die Eichel in den Mund, dann den Schaft. Herr Schatz vergisst zu atmen und sie gibt keinen Tropfen verloren. Flink wandert ihre Zungenspitze das Lustköpfchen entlang. Fast so, als hätten sich dort in Sekundenschnelle die Perlen des Perlweins versteckt.

Da also sind sie, die beiden, in einem atemraubenden und stillen und heimlichen Zwischendurch, einem Sommer aufm Balkon. Der Balkon ist groß, mächtig, leer. Einer, auf dem man flammende Reden halten möchte. Aber hört dieses Berlin überhaupt zu? Dieses rauschende, rauschhafte Berlin?

Es gibt jetzt keinen Prosecco mehr, dafür aber gibt es Herrn Schatz. Wieder und wieder gleitet Frau Liebling mit ihren Lippen über die Spitze hinab, während sie mit der einen Hand den unteren Teil seines Lustdolchs und mit der anderen den Hoden massiert. In seinem Kopf dröhnt und pocht es, seine Beine fühlen sich taub an. Taub und weich. Er öffnet die Augen und blickt nach unten. Frau Liebling hat ihre Augen geschlossen, sein Stab beult ihre Wangen in kurzen Momenten nach außen. Wie ein Zelt legen sich ihre mittellangen, roten Haare über ihr Spiel.

„Warte, warte", raunt der Schatz seinem Liebling zu und zieht sie an den Schultern nach oben. Zu ihm. Behutsam, fast tastend, suchen sich ihre Lippen, umschließen sich so fest, als wollten sie ihre tänzelnden Zungen vor fremden Blicken schützen. Seine Hände wandern über ihre Hüften zum Po. Frau Liebling schnurrt. Aus der Höhle ihrer Münder klingt es wie leises Gurgeln.

Frau Liebling lehnt sich nun an die Wand neben der Balkontür. Sie wird kleiner, als sie ihre Beine ein wenig spreizt. Herr Schatz schnuppert den Schwung ihres Busens hinab und dann wieder hinauf zu den hellbraunen Nippeln. Sie haben sich zusammengezogen, warten hart und ungeduldig auf eine erste Berührung. Mit den Lippen, mit der Zunge, mit den Fingerspitzen. Er gönnt einem von ihnen einen Lufthauch und einen kurzen Biss, der Frau Lieblings Schultern nach oben schnellen lässt.

Ihre Hand ist schneller als sein Mund. Denn als er zwischen ihren Beinen niederkniet, sieht er vor sich ihre zarten Finger. Die Spitzen der Zeige- und Mittelfinger streichen eng aneinander liegend langsam ihre Schamlippen auf und ab. Wieder und wieder und wieder. Die Handballen drücken sich dabei fest auf die Scham oberhalb ihrer saftig duftenden Grotte. Die beiden Finger öffnen sich wie zu einem Victory-Zeichen. Sie teilen die Schamlippen zu einem Orchideen-Blütenkelch und halten sie ganz leicht auseinander.

Mit dem Zeigefinger der anderen Hand streicht Frau Liebling über die glänzenden Innenwände und beginnt, ihren Lustknopf zu umzingeln. Indianer-Spiele? Die Kreise werden kleiner, kleiner. Ihre Bewegungen werden schneller, schneller. Plötzlich taucht sie mit dem Finger in ihre Grotte, zieht ihn heraus und bestreicht mit dem warmen Nass die Lippen seines Mundes.

„Leck mich!", sagt sie und kichert leise.

Mit der ganzen Breite seiner Zunge streicht er ihre Venus auf und ab und tastet die Kurven ihrer Liebeslippen entlang. „Nein, nicht da. Hier!", flüstert Frau Liebling und streicht mit ihrem Zeigefinger über ihre Knospe. Mit der Spitze der Zunge beginnt er, ihren Lustpunkt zu schlagen. Erst ganz leicht, dann fester, dann rasend. Sanft schiebt er zwei Finger in ihre Venus und spürt, wie sie für kurze Momente zusammengepresst werden. Frau Lieblings Atem geht schneller und lauter, seine Zungenspitze flattert auf ihrer Lustperle. Ihr Bauch hebt und senkt sich immer stärker und fängt plötzlich an zu zittern. Ihr Oberkörper schnellt nach vorn. Ein Stöhnen klingt gepresst durch ihre Hand, die sie vor den Mund drückt. Und noch mal ... Seine Finger sind für einen Moment Gefangene ihres feuchtwarmen Verließes.

Frau Liebling lehnt an der Wand und schnappt nach Luft. Er steht auf, sie küssen sich. Lange. Er zieht Frau Liebling zur Schwelle der Balkontür.

„Dreh dich um", haucht er ihr ins Ohr und steht im nächsten Moment dicht hinter ihr.

„Beug dich nach vorn."

Wow, was für ein wundervoller Rücken, was für ein wundervoller Arsch. Mit einer Bewegung schiebt Herr Schatz seinen harten Ständer zwischen ihre flutschigen Liebeslippen.

Mit beiden Händen hält er ihre Hüften fest und dringt noch tiefer in sie ein, bevor er seinen Schwanz fast bis zur Spitze wieder rauszieht. Es ist ein köstlicher Anblick, wie er immer wieder in ihr verschwindet, da, direkt unter ihrem kleinen Arschloch.

Sie ficken! Hier! Er stößt schneller. Frau Liebling hält sich mit einer Hand an der Balkontür, mit der anderen am Türstock fest. Seine Scham klatscht gegen ihre Pobacken. Nach einer Weile klingt es wie Applaus. In der Scheibe der Balkontür sieht er noch, wie sich Frau Liebling in ihrer Lust in den Unterarm beißt, bevor beide explodieren.

In heißen Schüben schießt er seine Ladung in sie hinein. Seine Kopfhaut zieht. Seine Augen: geschlossen. Frau Liebling zuckt und windet sich um seinen Schwanz herum. Schweißnass kleben sie hintereinander und suchen nach Atembaren. Mit seinen Händen umfasst er ihre seidenweichen Brüste und knabbert an ihrem Nacken.

„Ganz schön verliebt in Berlin, oder?", flüstert er ihr ins Ohr, als beide plötzlich eine zaghafte Stimme hören: „Mama, Papa, seid ihr auf dem Balkon?"

Erschrocken springt Frau Liebling ins Zimmer.

„Äh, ja, äh, was ist los, meine Große, bist du schon lange wach?", schafft es Herr Schatz mit einer selbst verordneten Ruhe in der Stimme zu fragen, während er hektisch nach dem Handtuch auf dem Korbstuhl greift. Er schaut dabei seine nackte Frau an, die glucksend im dunklen Zimmer steht. Sie wedelt erleichtert mit der Hand und gibt ein leises „Puuuuh" von sich.

„Nö, gerade erst aufgewacht. Mir war so wahnsinnig heiß, da hab ich die Balkontür ganz aufgemacht."

„Ist gut", sagt er, „lass die Tür offen und leg dich wieder hin. Wir trinken hier draußen noch ein Glas und gehen dann auch schlafen."

Tipps aus der Liebling- und Schatzkiste
- **In fremden Betten**
Eine Reise, ein Hotel, eine andere Umgebung... Allein schon der Tapetenwechsel stimuliert, finden wir. Und freuen uns auf jede wilde, durchgevögelte Nacht, die wir uns stehlen können. Oder geben. Oder nehmen. Wenn man nicht aus falscher Bescheidenheit am falschen Ende gespart hat. Wir meinen: Warum nicht statt des trügerisch komfortablen Appartements zu viert einfach mal zwei kleinere Zimmer, in denen Kinder und Eltern getrennt schlafen? Wirkt Wunder!
- **Spiele unter der Dusche**
Alles ist plötzlich irgendwie anders. Und bietet die Möglichkeit, zu tun, was man sonst nicht tut. Zusammen duschen zum Beispiel. Weil es ein seltenes und herrlich feuchtes Vergnügen ist, sich gegenseitig einzuschäumen, während das Wasser von oben prasselt. Vielleicht ja sogar mit einem Luffaschwamm, den man gerade zufällig dabei hat, oder mit einer Penisring-Seife. Er könnte ihr wie im Film „Jenseits von Afrika" die Haare waschen, und sie könnte ihm mit dem Duschkopf zeigen, wo ihr die Berührung mit dem Wasserstrahl besonders gut tut.
- **Wellness in Variationen**
Kleiner Tipp, wenn die Kinder im Hotel schon quasi als Selbstversorger unterwegs sind (und die Eltern öfter mal allein sein dürfen): Auch für den schnellen erotischen Hunger zwischendurch den Spa-Bereich im Hotel immer antizyklisch nutzen. Morgens, wenn alle frühstücken, oder abends, wenn alle essen. Da kommt man irgendwie auf die dollsten Ideen...

Aus therapeutischer Sicht: Einladung zur Sinnlichkeit im Alltag

Lebe im Augenblick – und nutze jede Gelegenheit. So könnte man die Geschichten in diesem Kapitel sehen. Seien wir ehrlich: Wir hätten genügend Möglichkeiten, ein wenig Erotik in unserem Alltag zuzulassen. Doch was hemmt uns? Ist es die Scham? Ist es das Risiko, abgewiesen zu werden oder gar durch den Partner verurteilt zu werden? Ist es die Unsicherheit, ob das wohl jetzt genau der ideale Zeitpunkt ist? Ist es die Tatsache, dass wir dem Sex eine derartig bedeutungsschwangere Ebene verpassen, dass ein „erotisches Zwischendurch" als tierisch abgetan wird? Oder ist es schlicht und einfach die Bequemlichkeit und die Gewissheit, es gäbe ja in einer langjährigen Beziehung immer ein später. Es läuft einem ja nichts davon – also warum jetzt?

Bei vielen Paaren ist im Laufe der gemeinsamen Jahre die alltägliche Sinnlichkeit verschüttgegangen. Der Anspruch, immer und überall zu funktionieren, lässt Gedanken an Sinnlichkeit gar nicht recht aufkommen, und das, obwohl im Schnitt – so wissenschaftliche Studien[4] – sowohl Frauen als auch Männer mehrmals am Tag an Sex denken. Diese Gedankenblitze werden in den meisten Fällen nicht zugelassen, schnell wieder weggedrängt.

Sicher, es gibt ihn vielleicht noch, den Abschiedskuss am Morgen, das Gute-Nacht-Bussi vor dem Einschlafen und die eine oder andere Umarmung. Doch die anfänglichen Sinnlichkeitsbezeugungen werden bestenfalls noch als Ausdruck der Zuneigung gedeutet oder sind schon völlig zu inhaltsleeren Alltagsritualen verkommen. Keinesfalls aber sind sie noch Bekenntnis zu Sinnlichkeit, Lust und Erotik.

---

4 http://www.c-date.de/sites/default/files/Internationale%20C-Date-Studie%20Winter%202011_2012_D.pdf (15.3.13), Internationale C-Date-Studie – Casual Dating, Sex und Beziehungen. Winter 2011/2012.

Es wäre natürlich schön, würde der Partner so spielfreudig, offenherzig und erotisch ansprechbar sein, wie es Liebling und Schatz in den Geschichten sind. Und wer würde sich nicht auf Dauer so einen Partner wünschen, der die Gelegenheiten und kurzen Zeitfenster, die sich unvermutet auftun, nutzt, um sie mit erotisch-prickelnden Inhalten zu füllen? Voraussetzung dafür ist, sich seiner erotisch-sinnlichen Seite wieder bewusst zu werden und sich in einer ersten Annäherung um seine erotischen Gedankenblitze zu kümmern – sie zuzulassen und sich still und heimlich darüber zu freuen.

Um die Erotik und das Begehren in langjährigen Beziehungen wach zu halten oder wiederzuerwecken, braucht es erst einmal die Sinnlichkeit im Alltag. Wir müssen wieder lernen zu riechen, zu schmecken, zu hören, zu schauen, zu spüren, zu fühlen.

Wir brauchen uns nicht dafür schämen oder gar geißeln, wenn wir uns dabei ertappen, dass uns ein sinnlich-romantischer oder vielleicht ein verruchter, versauter Gedanke überfällt. Wir dürfen uns still und heimlich darüber freuen, dass wir überhaupt zu solchen Gedanken und Kurzträumen im normalerweise sehr vollen und durchgetakteten Alltag fähig sind. Wir können uns zwischendurch den Luxus leisten, den Verstand, das Rationale, das gesellschaftlich Akzeptierte und Gewünschte auszuschalten, und uns erlauben, sinnliche Fantasien, Ideen zuzulassen.

Wer auf seine eigene Sinnlichkeit neugierig ist, sich seiner individuellen erotischen Welt abseits von Schablonen, Erwartungen und gesellschaftlichen Normen bewusst wird, dieses Selbst-Bewusstsein pflegt und dieses erotische Selbst auch genießen kann, der wird auch für den Partner genießbar. Der wird risikofreudiger im Reden über sich selbst. Der wird einladender in seiner erotischen Haltung und den individuellen Ausdrucksformen seines erotischen Begehrens.

Die Zwischendurch-Geschichten von Liebling und Schatz erzählen nicht vom Alltag eines fickwilligen und fickbereiten Nymphomanen-Paares, sondern von zwei Menschen, die sich ihrer individuellen Alltagssinnlichkeit bewusst sind, die ihre Sinnlichkeit und Erotik nicht vor sich selbst und voreinander verbergen, die keinen Hehl aus ihrem individuellen erotischen Selbstbewusstsein machen, die einander auch ihre erotischen Wünsche, ihr spontanes Begehren zumuten und für sich selbst und miteinander eine Form gefunden haben, sich dies auch mitzuteilen und gemeinsam zu leben.

Liebling und Schatz, das ist ein Paar, das die „Frechheit" besitzt, sich als erotisch füreinander zu outen, sich gegenseitig dem Risiko aussetzt, mit dem spontanen Begehren zu scheitern und somit allen erotischen Widrigkeiten des familiären und beruflichen Alltags Paroli zu bieten:

Liebling und Schatz lassen sich die Lust nicht vom Alltag stehlen.

Liebling und Schatz teilen sich mit, wenn einer von beiden Lust hat.

Liebling und Schatz fassen es nicht als Abweisung auf, wenn es für einen von beiden gerade nicht passt, sondern buchen es als Kompliment, dass der eine beim anderen derartige Wünsche auslöst.

Liebling und Schatz schaffen sich lustvoll-spontane Nischen und Gelegenheiten, erotischen Spaß miteinander zu haben, ihre erotische Lebendigkeit zu erleben.

Liebling und Schatz nehmen sich gegenseitig mit in ihre erotisch-sinnliche Gedankenwelt, die sich aus den alltäglichen Gelegenheiten und Chancen ergibt.

Liebling und Schatz bejahen ihren selbstgewählten Alltag und gehen gerade aus diesem Grund behutsam und vorsichtig mit dem immer drohenden Verlust der Sinnlichkeit um.

Was Liebling und Schatz beneidenswerterweise (noch) haben, ist eine individuelle erotische Sprache. Und damit ist nicht die Art und Weise gemeint, wie sie miteinander beim Sex reden. Vielmehr sind es die erfrischenden Zweideutigkeiten, die erotisch angehauchten Anspielungen und die bekennende Lust, miteinander erotisch zu reden.

Sich diese Sprache zu erhalten, gelingt nicht allen Paaren: Die am Beginn der Liebesbeziehung noch ausgeprägt vorhandene und gepflegte erotische Kommunikation geht in vielen Fällen verloren und verliert sich im Laufe der Zeit in der Alltäglichkeit. Was bleibt, sind oft nur mehr oder weniger anturnende Wortfetzen beim Sex.

Dabei liegt eines der Geheimnisse, wie man die Liebesbeziehung sinnlich am Köcheln hält, vor allem in lustvoll geführten zweideutig-aufgeladenen Gesprächen, mit der jene sexuelle Exklusivität neu begründet wird, die die Basis für die erotisch-sinnliche Spielbereitschaft ausmacht.

Paaren, die sich wieder um eine für beide akzeptabel-prickelnde Liebessprache bemühen, fällt es leichter, mutig Wünsche zu artikulieren. Sie entwickeln Kreativität und Spielfreude und können beim Thema Sex im besten Sinne des Wortes kindlich-neugierig und unvoreingenommen werden.

KLEINE KATASTROPHEN

Immer muss alles perfekt sein. Die Figur. Die Frisur. Der Job. Der Mann (klar, wer hat nicht nach Mr. Right gesucht?). Die Frau (Mrs. Perfect, logisch!). Die Kinder. Das Heim. Die Freunde. Der Urlaub. Selbst möchte man natürlich auch perfekt sein. Als Mutter. Als Vater. Als Partner. Als Gefährtin. Als Arbeitstier und Leistungsbringer. Als Freundin oder Freund. Als ach so engagiertes Gesellschaftslebewesen. Sonst zählt man ja nichts, in unserem Hochleistungssystem.

Und wenn man als stressgeplagtes Elternpaar dann endlich mal die geile Gelegenheit beim Schopfe packt oder sich die Zeit dazu aus den formvollendeten Rippen schneidet, dann muss er natürlich auch perfekt sein: der Sex.

Aber seien wir mal ehrlich: Ist er denn immer perfekt, unser Sex? Wie viele kleine Katastrophen haben wir nicht alle schon beim Liebesspiel erlebt, die uns keiner glauben würde, wenn wir sie erzählten? Jeder von uns war schon mal in Situationen der Kategorie „Peinlicher geht es nicht!". Kinder platzen mitten ins Spiel, Lovetoys und Liebesfotos geraten in falsche Hände, Ständer stehen nicht, ein bisschen peinliche oder lächerliche Lüste und Neigungen werden unfreiwillig vor anderen bekannt...

Aber sind diese Katastrophen denn wirklich so katastrophal? Oder sind es – wenn man sich erst einmal vom Schrecken oder von der Peinlichkeit erholt hat – nicht einfach nur lustige Anekdoten, die das Leben bereichern? Sind es nicht Momente, die das perfekte Leben wieder auf ein menschliches Maß herunterschrauben?

Das Scheitern gehört zum Leben dazu. Und zum Scheitern gehört auch, die Kontrolle über eine Situation zu verlieren. Erlebt man solche Kontrollverluste als Paar, hat man doch eigentlich ein süßes, kleines Geheimnis mehr, eines, das man zusammen hüten und über das man später gemeinsam lachen kann. Kleine Katastrophen, gemeinsam erlebt, stärken das Paarsein. Vorausgesetzt natürlich, keiner sucht die Schuld beim anderen.

Unsere „kleinen Katastrophen" handeln von Situationen, in denen Frau Liebling und Herr Schatz beim Sex allerlei Unvorhergesehenes erleben. Manchmal ist es zum Fremdschämen, manchmal einfach nur zum Lachen. Aber immer zum Mitfühlen – vor allem dann, wenn mal nichts geht. Weil es uns ja doch irgendwann allen so geht.

Gefangen in der Liebesschaukel

„Der Kaffee ist fertig…", sang Herr Schatz leise und fächelte der schlafenden Frau Liebling den dampfenden Duft des frischen Kaffees zu.

„…klingt des ned unheimlich zärtlich", vervollständigte Frau Liebling noch mit morgendlich belegter Stimme und geschlossenen Augen den alten österreichischen Song.[5] Umständlich drehte sie sich um und schälte sich aus dem Kissen, unter dem sie halb vergraben geschlafen hatte. Sie stopfte es sich in den Rücken und lächelte ihren Mann an.

„Frischer, heißer Kaffee ans Bett, hmmmm, das gab's lange nicht mehr!"

„Dazu braucht man auch Zeit, Muße und – Ruhe", bestätigte Herr Schatz. „Und von allem haben wir heute ausnahmsweise genug zur Verfügung."

Frau Liebling streckte sich ausgiebig, bevor sie Herrn Schatz die Tasse aus der Hand nahm und genüsslich daran schnupperte. „Das ist fast wie Ostern, Weihnachten und Geburtstag an einem Tag!"

„Oh ja", brummte Herr Schatz in sattem Bariton und schlüpfte zu ihr unter die Bettdecke.

Eine Weile lagen sie so nebeneinander, entspannt ihren Wachmacher schlürfend und noch ein bisschen müde vom vorherigen Abend.

Sie hatten schließlich kinderfrei. Ihre Große und der einige Jahre jüngere Sohn waren übers Wochenende weg. Das „Madämchen", wie Frau Liebling und Herr Schatz ihre Tochter liebevoll nannten, war zu einer ganz wichtigen Übernachtungsparty eingeladen, auf der sie auf keinen Fall fehlen durfte. Beide hatten dafür natürlich nur allzu großes Verständ-

---
5 Peter Cornelius: Der Kaffee ist fertig, 1980.

nis gezeigt und den Sohnemann gleich parallel auch noch ausquartiert. Zu seinem besten Freund. Mit dessen Eltern waren sie gut bekannt, man half sich gegenseitig aus, wenn man am Wochenende eine Verschnaufpause brauchte. Und die brauchten Liebling und Schatz definitiv. Denn da die Schule gerade wieder begonnen hatte, jagte ein Elternabend den anderen. Von den beruflichen Terminen ganz abgesehen, die zu dieser Jahreszeit auch gern inflationär auftraten. Beide hatten sich schon mal spaßeshalber überlegt, ein Familien-Doodle einzurichten, um Termine für gemeinsame Familienabende zu finden. Das kommende Wochenende stand nämlich schon unter dem Motto: Full House.

„Die hat schon eine tolle Ausstrahlung, diese Florence", meinte in die gedankenverlorene Stille hinein Herr Schatz.

„Ja, unglaublich, dass die erst Mitte 20 ist! Die hat eine Bühnenpräsenz… Das hätte ich in dem Alter auch gern gehabt", schwärmte Frau Liebling.

„Aber es ist schon merkwürdig, wenn man sieht, wie jung die Leute auf dem Konzert sind – und dabei merkt, dass man selbst so alt ist. Wir haben ja den Altersschnitt des Publikums bestimmt um fünf Jahre gehoben!"

„Frau Liebling, du übertreibst mal wieder maßlos", entgegnete Herr Schatz grinsend und küsste sie auf die Wange. Er kannte seine Frau nur zu gut. Ihr „Alter" machte ihr hin und wieder zu schaffen. Gerade auf etwas außergewöhnlichen Pop-Konzerten im kleinen Rahmen, die es in ihrer Stadt Gott sei Dank immer wieder mal gab, bildete sich Frau Liebling ein, von den jungen Mädchen mitleidig angesehen zu werden, von wegen „guck mal die Alte, die traut sich hier auch noch hin". Dagegen versuchte ihr Mann ihr klarzumachen, dass diese jungen Dinger schauten, weil sie dachten: „Mensch, in DEM Alter möchte ich auch noch so cool sein und auf solche Konzerte gehen."

Er fühlte sich dort immer pudelwohl. Typisch Mann, fand Frau Liebling. An diesem Punkt kamen sie nie weiter.

„Wie lange haben wir heute eigentlich Zeit für uns?", wechselte Herr Schatz das Thema. Diese kostbaren Stunden zu zweit in der eigenen Wohnung wollte er nun wirklich nicht mit Diskussionen über den manipulierten Altersdurchschnitt irgendwelcher Konzertbesucher verschwenden. Er hatte da ganz anderes im Sinn. Beim bloßen Gedanken daran regte sich seine Morgenlatte und wurde zu einem veritablen Ständer.

Frau Liebling sah ihn schelmisch an: „Bis heute Nachmittag, so ungefähr drei. Wieso?"

„Ach", er dreht sich zu ihr und schmiegte seinen Unterleib an ihre Hüfte, „ich habe da eine Idee … wenn wir schon mal die Wohnung für uns haben …"

„Eine Idee … Klingt vielversprechend. Meinst du etwa heißen, zuckenden Sex?"

„Jaaaa", hauchte er.

„Auf dem Küchentisch?"

„Nein … woanders."

„Hm, in der Besenkammer?" Sie gluckste.

„Auch nicht. Da, wo wir viel Platz haben, weil wir viel Platz brauchen."

„Auf dem Wohnzimmerboden?" Sie war ein wenig ratlos, was er wohl meinte. Aber auch sehr neugierig. Sie liebte dieses Frage- und Antwort-Spiel. Es machte sie an, dieses kleine Vorspiel. In ihrer Fantasie blitzten heiße Bilder mit artistischen Verrenkungen und grandiosen Orgasmen auf.

„Nein …" Er machte eine Kunstpause. „In der Schaukel."

„In der Schaukel?"

„In der Lie-bes-schau-kel!", hauchte er in ihr Ohr, dass es ihr die Härchen auf dem Rücken aufstellte. Er zog genüsslich die Silben auseinander und deutete dabei ein leichtes Stöhnen an. Dabei presste er lasziv sein Becken gegen ihren Po.

„Oh! Äh, ja!" Frau Liebling atmete hörbar ein. „Warum eigentlich nicht? Die haben wir schon ewig nicht mehr benutzt."
Sie sah ihm tief in die Augen. „Du willst mich also frei schwingend nehmen?"
„Nichts lieber als das."
„Mit geputzten oder ungeputzten Zähnen?"
„So wie du bist."
„Na dann los!" Frau Liebling knabberte kurz an seinem Ohr, stand auf und ging aus dem Schlafzimmer. Herr Schatz fasst sich an den Schwanz, um sein schön stehendes Gemächt zu drücken. Es zuckte ihn in den Lenden. Er freute sich darauf, seine wippende, federleichte Gemahlin in der Liebesschaukel heftig zu lieben.

„Ich mach die Heizung im Wohnzimmer an!", hörte er Frau Liebling rufen. „Und am besten lasse ich die Jalousien herunter. Man weiß ja nie!", und nach einer kurzen Pause: „Wo ist die eigentlich?"

„Ganz oben im Schrank, glaube ich, hinter den Badehandtüchern. Ich bring sie mit!"

Als Herr Schatz mit der Liebesschaukel ins Wohnzimmer kam, leuchteten Kerzen im dunklen Wohnzimmer, ein Räucherstäbchen verströmte orientalischen Duft, ein Hauch späte Abendstimmung lag in der Morgenluft.

Herr Schatz nahm den Hängesitz ab (ein unbedingter Wunsch der Großen, den der Kleine gerne als Kraxelmöglichkeit missbrauchte, vor allem, wenn seine Schwester drin saß und ein Buch lesen wollte) und hängte die Kette mit Feder an die Decke. Daran war ein langes, horizontales Metallrohr befestigt, an dem wiederum allerlei Schlaufen und Riemen hingen. Etwas martialisch mutete die Liebesschaukel an, wie sie so von der Decke baumelte.

Frau Liebling trat hinter ihren Mann und umarmte ihn zärtlich. Langsam wanderten ihre Hände von seiner Brust über den Bauch zu seinem Schritt und verweilten kurz auf der Beule in der Pyjamahose.

„Ich habe übrigens das Telefon ausgeschaltet", sagte sie nebenbei. „Man weiß ja nie..."

Dann streifte sie flink seine Hose hinunter, so dass sein bisher gefangener Schwengel nun seine ganze Pracht entfalten konnte. Ihre Finger wanderten zu seinem Sack, streichelten ihn und umfassten schließlich seinen dicken Schwanz. Herr Schatz atmete laut ein, als sie ihn vorsichtig rieb. Dann drehte er sich zu ihr um und zog ihr das XXL-Schlafshirt über den Kopf. Nackt stand sie vor ihm, nur mit dicken, rosafarbenen, flauschigen Wollsocken an den kalten Füßen. Er umarmte sie. Seine Mund suchte ihren Mund, seine Zunge suchte ihre Zunge, sein dickes Glied presste sich an ihren Bauch.

„Bereit?"

Sie nickte.

„Die bleiben an?", er deutete mit dem Kopf auf die Socken.

„Unbedingt!"

Sie trat an die Eisenstange und hielt sich daran mit beiden Händen fest. Sie hob ein Bein, das Herr Schatz vorsichtig in die Beinschlaufe legte. Jetzt kam der komplizierteste Teil. Wie im Klimmzug klammerte sie sich an die Stange, während er ihr zweites Bein fixierte und den Rücken- und Sitzgurt zur Stabilisierung um sie legte. Nun schlüpfte sie mit den Armen in die Armschlaufen, um so das Gewicht ihres Oberkörpers abzustützen. Die Feder wippte. Fast wie ein Käfer auf dem Rücken lag, nein: hing Frau Liebling nun vor ihm, die Beine gespreizt durch die Schlaufen. Ein toller Anblick, ihre geöffneten, feucht glitzernden, dunkelroten Liebeslippen, fand er.

„Du gefällst mir so", raunte er. Er stellte sich zwischen ihre Beine. Mit beiden Händen griff er unter ihren Po, um das Schaukeln zu dirigieren. Er beugte sich zu ihrem Liebesmund hinab und ließ seine flinke Zunge um ihre Knospe kreisen.

Ein leises „Ah" hörte Herr Schatz von seinem Liebling, ein kleiner Singsang, der sich sanft steigerte. Frau Liebling ließ den Kopf nun vollständig in den Nacken sinken. Fast kopfüber fühlte sie sich, schwerelos. Herr Schatz beschleunigte seinen Tanz mit der Zunge, spürte die angenehme Nässe ihrer strahlenden Venus, die sich zusammenzog, die Knospe, die hart, der Atem, der schneller wurde, die Bauchmuskeln, die sich anspannten. Schon zuckte sie und wand sich unter ihm, um seinem sanften Folterinstrument zu entkommen.

„Pah, das war aber gerade Turbo", ächzte sie beseelt. „Ich hatte gar nicht in Erinnerung, was für ein wahnsinniges Gefühl das ist, so kopfüber zu hängen und dermaßen geleckt zu werden... Mach weiter, Herr Schatz!", bettelte sie.

Das ließ er sich und seinem strammen, in den Himmel ragenden, pulsierenden Knüppel nicht zweimal sagen. Kurz half seine Hand dirigierend nach, und schon versenkte er ihn in die wunderbare, feuchte, bereite Möse seiner Frau. Langsam drang er tief in sie ein. Frau Liebling stöhnte auf. Er zog sich vorsichtig wieder zurück, wobei er seine Hände fest um ihre Hüften klammerte. Und wieder stieß er zu. Nicht zu heftig, damit sie ihm nicht entglitt. Aber heftig genug, um ihren Körper wieder zum Vibrieren zu bringen. Das Rein und Raus versetzte Frau Liebling in eine Schwingung, die seine Stöße um ein Vielfaches zu intensivieren schienen. Für ihn war es der pure Wahnsinn, seine federleichte Frau auf diese Art im Stehen zu bumsen. Schon fühlte er die große Welle in sich aufsteigen, die sich von der Schwanzspitze in die Lenden ausbreitete und in die Beine fuhr, als würde jegliches Blut auf der Stelle herausgesaugt. Seine Kopfhaut begann zu prickeln, und eine Serie langgestreckter Aaaaah-Schreie entwich seiner Kehle... als er es hörte –, als auch er es endlich hörte: das Sturmklingeln!

„Verdammte Kacke, was ist das denn?" Herr Schatz verschluckte sich fast vor Schreck an seiner eigenen Spucke.

„Keine Ahnung! Irgendwas muss passiert sein, sonst würde der nicht so klingeln. Los, lass mich runter, mach schon!" Frau Liebling wurde abwechselnd rot und bleich und strampelte mit Armen und Beinen.

„Ja, Mensch, gleich, jetzt halt doch still, sonst kann ich die Schlaufen ja gar nicht aufmachen!", fuhr Herr Schatz seinen zappelnden Liebling an.

„Aber sag doch wenigstens was nach draußen, damit die – oder wer auch immer das ist – mit dem wahnsinnigen Klingeln aufhören!"

„Mooomen! Ich komme gleich!", schrie jetzt Herr Schatz zur Haustür zugewandt, während seine schweißnassen Hände an den Verschlüssen nestelten.

„Doch nicht so! Das sind doch Klettverschlüsse! Mann!" Frau Lieblings Stimme kippte jetzt leicht ins Hysterische: „Jetzt beeil dich do…" Frau Liebling hatte den Satz noch nicht zu Ende gesprochen, da plumpste sie wie ein nasser Sack auf den Boden.

„Aua, spinnst du?"

„Mensch, du musst doch wissen, dass die Klettverschlüsse mit einem Ruck aufgehen", pampte Herr Schatz zurück. Und schon wieder dröhnte eine Salve Klingelbimmeln auf sie ein.

Herr Schatz raste nackt Richtung Tür. Seine eben noch standhafte Pracht hüpfte klein auf und ab.

„Moment! Sofort! Eine Sekunde!", rief er und bog blitzschnell Richtung Schlafzimmer ab.

Frau Liebling kochte vor Wut. „Hilf mir doch, das Ding abzunehmen", schnauzte sie ins leere Wohnzimmer. Sie schnappte sich einen Stuhl und wollte die Kette aus dem Haken nehmen. Was ihr natürlich absolut nicht gelang. Bei der Zimmerhöhe brauchte es eine gewisse Größe, um etwas ausrichten zu können.

„Verdammt!"

Sie sprang vom Stuhl und rannte ebenfalls in Richtung Schlafzimmer. Wo war ihr Schlafhemd? Ach ja, im Wohnzimmer. Egal, schnell 'ne Jogginghose und ein T-Shirt. Doch die war in der Wäsche. Frau Liebling fluchte und zog sich eine Jeans über den nackten Po. Wenigstens Herr Schatz hatte seine Jogginghose gefunden. Er machte sich gerade wieder auf den Weg zur Tür.

„Nein!", schrie Frau Liebling ihm nach, „die Schaukel!"

„Oh ja!" Herr Schatz bremste abrupt ab und drehte ins Wohnzimmer hinein. Er sprang auf den Stuhl und versuchte, die Kette aus dem Karabiner zu fummeln. Aber die klemmte.

„Los, mach schon!" Frau Liebling war jetzt puterrot im Gesicht. Da gab endlich der Karabiner nach und Herr Schatz strauchelte gefährlich. Gerade konnte er noch das Gleichgewicht ausbalancieren. Er galoppierte ins Schlafzimmer, warf die Schaukel ins Bett und die Decke darüber. Frau Liebling war inzwischen so etwas wie bekleidet und jagte zum Eingang.

„Ich komme!", brüllte sie gegen das Klingeln an und riss die Tür auf. Vor ihr stand Matthias mit dem weinenden Sohnemann an der Hand. Fassungslos starrte sie die beiden an. Dann nahm sie ihren Kleinen auf den Arm und fragte: „Oh Gott, was ist denn passiert? Wieso …?", mehr brachte sie nicht heraus.

Auch Matthias blickte etwas schuldbewusst und peinlich berührt drein.

„Er bekam über Nacht solche Zahnschmerzen. Ein Zäpfchen wollte er sich von Ina nicht geben lassen. Wir wussten ja, dass ihr euren freien Vormittag habt …", er verstummte und blickte verstohlen ins immer noch verdunkelte Wohnzimmer, in dem schattenhaft Kleidungsstücke auf dem Boden zu erkennen waren, sah die brennenden Kerzen und roch den Duft der Räucherstäbchen. Er verkniff sich ein Grinsen.

„Aber wieso ruft ihr nicht vorher an?", fragte Frau Liebling, die nun verlegen zu Boden blickte.

„Ja, wie denn, wenn eure Handys UND euer Telefon aus sind? Und euer Sohnemann hat es nicht länger ausgehalten – und vom Sturmklingeln konnte ich ihn auch kaum abhalten. Sorry, das tut mir echt leid, dass ich euch den Sonntagvormittag so verhagelt habe."

„Macht nichts. Danke fürs Bringen. Möchtest du einen…"

„Nein, danke", antwortete Matthias hastig. „Ein andermal. Tschüss!"

Sohnemann klammerte sich an Frau Liebling. Er sah blass aus. Heute würden sie wohl wirklich noch einen Notzahnarzt ausfindig machen müssen.

„Mama", frage er, während er sich schon losmachte und Richtung Schlafzimmer lief, „darf ich in eurem Bett kuscheln, bis wir zum Arzt fahren?"

„Nein!", riefen Frau Liebling und Herr Schatz wie aus einem Mund.

Tipps aus der Liebling- und Schatzkiste

Welch ein Gefühl für im Alltagschaos lebende Eltern, den Sonntagmorgen gemeinsam im Bett zu verbringen! Sturmfrei zu haben! Nicht zu Unzeiten hungrige Mäuler zu stopfen, aufstehunwillige Teenies zu wecken, angehende Sportprofis zu einem Turnier zu kutschieren! Einfach zu zweit den Kaffee im Bett zu genießen und über dem Genuss den Wunsch aufkeimen zu lassen, einander genießen zu wollen. Kein Wunder, dass man bei so viel Freiheit plötzlich auf „dumme" Gedanken kommt und Sachen macht, die sonst keinen Platz mehr im Alltag haben.

- **Legen Sie Regeln fest**

Damit Sie an solchen sturmfreien Tagen beim ausschweifenden Liebesspiel keine unangenehmen Überraschungen erleben, sollten Sie Regeln einführen – für die anderen. Die Kinder werden nicht vor einer bestimmten Uhrzeit nach Hause gebracht. Angerufen wird nur, wenn wirklich etwas ansteht, was nicht aufgeschoben werden kann. Ansonsten genügt eine SMS mit der Bitte um Rückruf. Schalten Sie das Telefon am besten nicht komplett aus, sondern stellen Sie den Anrufbeantworter so ein, dass er nach einem Läuten anspringt und Sie mithören können. Schließen Sie die Wohnungstür ab und lassen Sie den Schlüssel stecken, dann ist ausgeschlossen, dass Sie jemand in flagranti erwischt. Auch Ihren Kindern dürfen Sie ruhig sagen, dass Sie diese Zeit für sich brauchen, um nicht nur Mama und Papa zu sein, sondern auch Mann und Frau.

- **Bleiben Sie cool**

Und wenn dann doch jemand vor der Tür steht und Sie beim heißesten Sex unterbricht, dann bleiben Sie selbstbewusst! Diese Situation ist nämlich nicht nur Ihnen peinlich, sondern dem Störenfried auch. Und wenn schon jemand die Tür öffnen muss, dann sollte es besser sie sein – ein Ständer lässt sich auf die Schnelle nicht einfach zusammenklappen, falls dieser das Desaster bis dahin überstanden haben sollte...

Fahren Sie doch mal rechts ran!

Noch neun Minuten, dann würde der Film beginnen. Blöd nur, dass Frau Liebling und Herr Schatz weder Eintrittskarten noch einen Parkplatz hatten. Aber offenbar musste das so laufen, wenn man verabredet war: Es fing schon damit an, dass Herr Schatz viel zu spät und noch dazu viel zu gestresst nach Hause gekommen war, um Frau Liebling abzuholen.

Oder hatte es an Frau Liebling gelegen, die selbst erst fünf Minuten zuvor aus dem Büro nach Hause gehetzt gekommen war und ratlos an der Spüle in der Küche stand, vor einem Kochtopf mit Reis, den Schwiegermama derart hatte anbrennen lassen, dass unter dem schäumenden Spülwasser eine dicke schwarz-braune Kruste schimmerte. Da müsse irgendwas mit dem Herd nicht in Ordnung sein, hatte die Mutter des Göttergatten schwadroniert, für die es wie immer ein Ding der Unmöglichkeit war, einfach mal zuzugeben, dass auch sie Fehler machen konnte. Und jetzt? Müsse sie eben kurz, nur ganz kurz, zum Supermarkt, um Kartoffelbrei und ein Stück Butter zu kaufen, damit ihre herzallerliebsten Enkelkinder überhaupt etwas zu essen bekommen würden, während Sohn und Schwiegertochter endlich mal wieder Freigang hatten.

„Reis", murmelte eine saure Frau Liebling an der Spüle vor sich hin, „wie kann denn Reis anbrennen?" Und gleich noch mal: „Wie kann Reis überhaupt so anbrennen?"

Und dann hörte sie auch schon die Wohnungstür ins Schloss knallen und ein lautes: „Dieser Neumann, diese intrigante Drecksau! Wenn der nicht bald weg ist, kündige ich!!"

Herr Schatz war jetzt also auch da. Und sein Ton, nun ja, hatte zumindest schon Kinolautstärke: „Frau Liebling, Kino, wir müssen los!", dröhnte es aus dem Flur, und es war so laut, dass beide Kinder, die in ihren Zimmern wohl noch Hausaufgaben machten, im Chor „Ruuuuheeee!!!!" brüllten.

„Ich kann noch nicht, Herr Maulaffe", rief eine mindestens genauso gereizte Frau Liebling aus der Küche, „muss erstmal einen Topf retten, den deine tolle Mutter totgegrillt hat!" Mit wütenden Bewegungen kratzte und schrubbte sie auf dem Boden der Kasserolle rum.

„Und ich warte! Komm jetzt, beeil dich!"

Im Sakko und mit verschränkten Armen blieb Herr Schatz im Flur stehen, als ihm auch noch die Wohnungstür in den Rücken knallte, die seine aufgeregte Mutter ein bisschen zu schwungvoll geöffnet hatte, auf dem Arm eine große Packung Instant-Kartoffelbrei, ein Stück Butter und einen Karton Milch.

„Au!", schrie Herr Schatz mit schmerzverzerrtem Gesicht auf und rieb sich mit der rechten Hand die Stelle, an der sich die Türklinke in seinen Rücken gebohrt hatte.

„Ach, mein werter Herr Sohn. Auch endlich da?", nölte Schatzens Mutter im Vorbeigehen. „Naja, ist ja nicht meine Sache, wenn ihr den Anfang vom Film verpasst. Und euren Herd könntet ihr auch mal reparieren. Der wird viel zu schnell heiß, wenn man mit dem ganz normal kochen will."

Herr Schatz, der mittlerweile mit dem Gesicht zur Wand stand und immer noch seinen Rücken rieb, stellte seine Mimik stante pede um: von Schmerz auf Fassungslosigkeit, von zusammengekniffen auf aufgeplustert. Aber er schwieg, wenigstens das. Er schwieg und wartete. Und irgendwann kam sie dann doch, seine Ehefrau und die Mutter seiner ach so ruhebedürftigen Kinder, warf sich im Gehen eine Strickjacke über die Schultern und begrüßte ihren Mann mit einem maximal knappen: „Los jetzt!" Und zurück in die Wohnung, zu Oma und den Kindern ein schallendes: „Nacht, schlaft gut! Wir sind jetzt weg!"

So also beginnen sie, die entspannten Kinoabende von Frau Liebling und Herrn Schatz, die man pro Jahr ohnehin an einer

Hand abzählen kann. Und sie gehen im Auto erstmal schweigend weiter, weil beide viel zu geladen sind, um plötzlich heiter bis wolkig zu sein.

Aber Kino muss eben sein. Selbst wenn die Parkplatzsuche Stunden dauert. Die Karten, das konnten sie während der Suche bereits telefonisch klären, liegen in jedem Fall an der Abendkasse bereit. Zwei Bier und eine Tüte Schokolinsen sind ebenfalls schon abonniert.

„Da!", ruft Frau Liebling wild fuchtelnd, „da vorn, der fährt raus." Und tatsächlich wirft in der engen Seitenstraße ein dunkelblauer Kombi Motor und Licht an, rangiert ein wenig her und hin und macht schließlich Platz – für Liebling und Schatz.

In Rekordtempo parkt Herr Schatz ein und beide rennen fast so schnell wie zu Bundesjugendspielzeiten die drei Straßen weiter bis zum Kino.

Plötzlich scheint alles gut: Die Kinokasse ohne Schlange, an der Kasse die Karten, das Bier und die Schokolinsen, ein gütig lächelnder grauhaariger Kartenabreißer, der den beiden im dunklen Lichtspielsaal mit der Taschenlampe den Weg zu ihren Plätzen weist – und genau der richtige Moment, weil gerade erst ein paar Titelbuchstaben über die Leinwand flitzen.

Frau Liebling und Herr Schatz nehmen Platz, schälen sich aus Strickjacke und Sakko, deponieren die Bierflaschen in zwei Halterungen am Sitz und die Schokolinsen auf der Lehne zwischen sich und werfen sich im flimmernden Kinodunkel zumindest noch kurz einen Blick zu: Es ist ihr erstes Anlächeln heute, ein wenig unbeholfen noch.

Den Film, es ist der neue von François Ozon, diesem wahnsinnigen Franzosen, wollen beide sehen, wenn auch aus unterschiedlichen Gründen: Frau Liebling mag die Entrücktheit, die Art, Charaktere zu studieren und die dichte Atmosphäre von Ozons Filmen, Herr Schatz mag vor allem diese geile Sinnlichkeit der Schauspielerin Emmanuelle Seigner.

Eine Stunde und 46 Minuten dauert der Film, und er tut beiden gut. Weil beide zur Ruhe kommen. Weil beide abschalten. Weil sich beide gut unterhalten fühlen. Weil beide Alkohol und etwas Süßes intus haben. Und weil beide ein wenig von dieser französischen Schwerelosigkeit mit nach draußen nehmen, in diese angenehm warme Frühlingsnacht.

Sie unterhalten sich eine Weile über die Eigenarten des gerade gesehenen Films und ganz kurz auch über das Aussehen von Madame Seigner, dann meint Frau Liebling mit einiger Bestimmtheit: „Lass uns aber direkt nach Hause fahren und nichts mehr trinken, okay?! Habe nämlich gerade überhaupt keinen Bock auf schwiegermütterliche Befindlichkeiten."

„Hast schon recht", antwortet Herr Schatz. Auch wenn es fast ein wenig resigniert klingt, sinniert er auf dem Fußweg zurück zum Auto noch ein wenig über den Begriff „schwiegermütterliche Befindlichkeiten" nach. Auch wenn es um seine Mutter geht, lustig ist sie schon, diese Wendung.

Arm in Arm und ohne jede Eile schlendern die beiden an Schaufenstern und Geschäften vorbei zurück zum Auto. Wie schön, denkt Frau Liebling, endlich mal wieder so zusammen laufen, so eng verschränkt, und sie spürt dabei, wie ein paar freche, neugierige Finger unter ihrer Achsel Zentimeter für Zentimeter vorankommen, schnurstracks aber langsam hin zu diesem stets verlockenden Busenansatz, der unter ihrer Strickjacke und der luftigen Bluse schön zu spüren ist. Noch kitzeln diese Berührungen einfach nur, vor allem aber vertreiben sie auch den letzten Rest von Groll.

„Ach, du Blödhammel, du", seufzt Frau Liebling und schmiegt sich noch enger an die Schulter ihres Mannes: „Ich liebe dich schon sehr, sehr."

Herr Schatz strahlt fast triumphierend, sie spürt das, auch im Dunkeln. Am Auto angekommen öffnet er ihr galant die Beifahrertür, steigt ein und fährt los. Nach Hause.

Auf der Rückfahrt plaudern sie über Pläne fürs Wochenende, über die Eigenheiten der zunehmend verschrobenen Frau Schwiegermama und darüber, was Herr Schatz eigentlich machen würde, wenn ihm wegen dieses intriganten Kollegen Neumann wirklich nichts anderes als die Kündigung bliebe. Und dann, nach einer großen Kreuzung, an der sie rechts abgebogen sind, sagt Herr Schatz unvermittelt: „So, und jetzt genug gequatscht. Wir fahren mal kurz rechts ran."

Im selben Moment haben Frau Liebling und Herr Schatz die Straße auch schon verlassen. Ohne zu blinken rollen sie an einem Tennisclub vorbei auf einen großen, dunklen Parkplatz, der tagsüber nur von Tennisspielern genutzt wird. Noch während der Fahrt löscht Herr Schatz das Scheinwerferlicht, dann bremst er, stoppt den Motor und dreht sich zu einer ziemlich ratlosen Frau Liebling.

„Und was jetzt?", fragt sie vorsichtig.

„Das wird jetzt ein Quickie", sagt Herr Schatz schelmisch. „Quickie im Auto!"

„Nicht im Ernst, oder?"

„Nee, zum Spaß."

„Aber wir wollten doch…"

„Och, komm, es ist Frühling. Und wir haben den noch nicht einmal richtig angeknospt", kontert Herr Schatz, „oder sagt man angesprossen?"

„Du bist echt total bekloppt!"

„Du auch, mein Liebling, aber nur, wenn du mitmachst."

„Und wie, bitteschön? Dir ist schon klar, dass ich seit gut zwei Wochen keine Pille mehr nehme?", erwidert Frau Liebling fragend.

Im selben Moment beugt sich Herr Schatz zum Handschuhfach, öffnet es und deutet auf einen blau leuchtenden Karton Kondome: „Dafür haben wir ja einen Erste-Hilfe-Kasten dabei."

Und weil er gerade in einer idealen Position ist, greift er mit einem hinreißenden Lächeln unter Frau Lieblings Sitz, zieht einen Hebel, schiebt sie sacht nach hinten und dreht anschließend ihre Rückenlehne so weit wie möglich nach unten. Anschließend schiebt er die ohnehin schon offenen Seiten ihrer Strickjacke beiseite und öffnet Knopf für Knopf ihrer weißen Bluse. Dann fährt er mit dem Zeige- und Mittelfinger so sanft auf ihrer Haut am Saum ihres BHs entlang, dass sie jedes Härchen spürt, das sich aufstellt und seinen Berührungen entgegenstreckt.

„Bist du sicher, dass hier wirklich niemand ...", hebt sie auf einmal leise und heiser an.

„Niiiemand", raunt er in ihr Ohr, „aaabsooluuut niiiemaaand."

Und diese raunende Versicherung ist wie ein kleiner Startschuss für einen gegenseitigen Überfall, so, wie sich dieses Ehepaar schon Jahre nicht mehr überfallen hat. Fast hektisch zerrt Frau Liebling ihrem Mann das Sakko vom Leib und schmeißt es achtlos auf die Rückbank, während sie sich von Strickjacke, Bluse und BH befreit, auch diese Sachen nach hinten wirft und ihn dabei leidenschaftlich und mit viel Zungeneinsatz immer wieder küsst. Und dann schiebt sie ihn mit einer lässigen Handbewegung zurück in seinen Sitz, zwängt sich fast hockend auf ihn und drückt ihm ihre herrlich duftenden Brüste ins Gesicht, während er mit Freuden leckt, was er zu lecken kriegt.

„Du verrückter geiler Bock", haucht und küsst sie ihn auf den Kopf, „ersticken solltest du, an meiner Pracht", um ihren Busen noch stärker an seinen Mund und auf seine Augen zu pressen. Ihr Herz rast genauso aufgeregt wie zu Teenagerzeiten, als sie mit einem ihrer ersten Freunde, der schon älter als 18 war, immer wieder Sex im Auto hatte, weil sie sich nur dort wirklich ungestört fühlten.

Die pochende Erregung, die sie jetzt und hier zwischen ihren Beinen spürt, sie ist genauso intensiv und antörnend wie damals, vor so vielen, vielen Jahren.

„Blas mir einen!", hört sie Herrn Schatz in ihre Brüste brabbeln, während er mit seinen Händen unter Rock und Slip zärtlich ihren Po massiert.

„Ich will meinen Schwanz in deinem Mund."

Und weil sie das auch will, steigt sie runter von ihm, kniet sich auf den Beifahrersitz, ihr Hinterteil an das beschlagene Fenster gedrückt, und öffnet mit flinken Fingern Gürtel und Reißverschluss seiner Hose.

„Und du! Hose runter!", befiehlt sie ihrem Mann mit einem Kichern, der brav gehorcht und die Hose runter zu den Schuhen schiebt. Eigenartig, dieses Gefühl, mit dem nackten Hintern auf den Ledersitzen des Firmenwagens zu sitzen. Eigenartig großartig.

So großartig wie seine Latte, die dem Mund seiner Frau entgegenzuckt. Und die lässt aus ihrem Mund reichlich Speichel auf seine Eichel tropfen, um die wundervoll glitschige Flüssigkeit mit ihren Lippen sogleich auf seinem ganzen Schwanz zu verteilen.

„Mmmmhhh", gurgelt es tief aus Schatzens Mund, der die Mundverwöhnung genießt wie schon lange nicht mehr. Als er sich mit seiner rechten Hand nach einer Weile an ihren Brüsten und ihrem Bauch entlang zu ihrer Scham und ihrem Lustloch tastet, spürt er zu seiner Überraschung, dass da schon längst jemand ist. Ihre Hand nämlich, mit der sie sich selbst hingebungsvoll massiert.

„Pech gehabt!", sagt sie mit reichlich vollem Mund, „Erste", und mit jedem kreisförmigen Streichen und Streicheln beginnt es in ihrem Becken stärker zu pochen und zur prickeln, wobei sie – unterstützt von einer frischen Ladung Spucke – nun auch die Frequenz der Auf-und-Ab-Bewegung ihrer lutschenden

Lippen erhöht, mit der sie ihrem schatzigen Herrn immer größere Freuden bereitet.

Als aber das Stöhnen der beiden fast schon zum Hecheln wird und der Atem und die Hitze die Scheiben des Wagens immer undurchsichtiger werden lassen, hält sie inne und ruft: „Ruhig, Brauner, ganz ruhig. Ich hole erste Hilfe."

Und kaum dass Herr Schatz etwas Atem geschöpft hat, hat Frau Liebling auch schon die blaue Schachtel mit den Präservativen aus dem Handschuhfach gezogen, eines davon aus der Schachtel genestelt, ungestüm die Verpackung aufgerissen und ein Kondom über Schatzens pralles Glied gezogen. So geschickt und wissend, als täte sie das Tag für Tag.

„Huch, ich kann das ja immer noch", juchzt sie und lässt sich auf den Beifahrersitz fallen, um ihren Schatz mit weit geöffneten Beinen in Empfang zu nehmen. Der klettert auch prompt über Bremse und Schaltknüppel, versenkt seinen glühenden Stab in ihren Ofen und beginnt, so gut er in der Enge kann, erst langsam und ausladend, dann schneller, klatschender und rammelnder zu stoßen, während sich Frau Liebling mit geschlossenen Augen und geöffnetem, heftig atmendem Mund an der Kopfstütze festhält, um sich seinen Stößen entgegenzustemmen.

„Oh, oh, oh, oh, oh, oh." In einem nicht enden wollenden Stakkato stammelt sie ihre Lust und Gier vor sich hin, während Herr Schatz eher konsonantenlastig stöhnt.

Keine drei Minuten dauert es in dem wild schaukelnden Automobil, dann keuchen beide – erstaunlich kurz hintereinander – ihren Höhepunkten entgegen. Sie in zuckenden Bewegungen, die sich wie in Krämpfen aus ihrer Vulva heraus in den ganzen Körper entladen. Er mit Stößen, die mit einem Mal sachter werden und matter, weil er sich ergossen hat, in die schützende Tüte. Erschöpft liegen Beifahrerin und Fahrer danach übereinander. Mit den Lippen küssen sie sich gegenseitig ganz sacht die Schweißperlen vom Gesicht, und während sie liegen und küssen, rutscht das erschlaffte, machtlose Gemächt fast unbemerkt samt Kondom aus ihrer Venus. Und weil Herr Schatz in präservativen Dingen reichlich ungeübt ist, merkt er gar nicht, dass sie gar nicht mehr sitzt, wo sie eben noch saß, die Schutzhülle aus Gummi. Weil er sie ja auch sonst nicht vermisst.

Umständlich ziehen sich die automobilen Liebhaber nacheinander wieder an, schweigsam zwar, aber glücklich und müde.

„Deine Mutter…", beginnt Frau Liebling träge. „… wartet bestimmt schon", beendet Herr Schatz.

Also fahren sie weiter, den Rest der Strecke nach Hause. Ein wenig derangiert sehen sie schon aus, als sie leise den Schlüssel im Schloss ihrer Wohnungstür bewegen. Sie öffnen die Tür – und da steht sie auch schon, die Mutter, in Schuhen und Jacke.

„Wurde aber jetzt auch wirklich Zeit", sagt sie in scharfem Ton und wendet sich zur Tür, in der ihr Sohn wie angewurzelt steht. Weil er spürt, wie durch sein linkes Hosenbein vom Oberschenkel über das Knie, dann über den Unterschenkel ein gummiartiges Etwas rutscht, das schließlich einfach so auf die Fußmatte platscht. Das Kondom.

„Tschuldigung, Mama, äh, und danke, ähm, tja, schlaf gut", sagt Herr Schatz, schiebt seine Mutter ohne weitere Umschweife ins Treppenhaus und wird nach Jahren mal wieder so richtig rot im Gesicht.

Tipps aus der Liebling- und Schatzkiste
• Auf erotische Zeitreise gehen

Denken Sie nicht auch manchmal an die unbeschwerte Zeit zurück? Als Sie jung und frisch verliebt und ständig geil auf den anderen waren und überall und zu jederzeit ein Plätzchen (und eine Gelegenheit) fanden, um sich lustvoll zu vereinen? Die

Leidenschaft und das große Begehren mag sich in der Zwischenzeit verloren haben. Doch die Lust aufeinander ist ja noch da. In manchen Momenten keimt dieses Urgefühl wieder auf, an lauen Abenden, an denen man zu zweit unterwegs ist, beispielsweise. Wieso geben Sie nicht einfach mal diesem Gefühl nach?

- **An ungewöhnlichen Orten lieben**

Geben Sie sich der Illusion des Jungseins, der Spontaneität und der Vorstellung „Alles ist möglich" hin! Warum fahren nicht auch Sie einfach mal rechts ran und haben einen Quickie im Auto? Wetten, dass Sie bei Ihrem Kennenlernen viel ungewöhnlichere Orte – Umkleidekabinen, Parkbänken, Tretboote, Treppenhäuser, Aufzüge, Golfplätze, Riesenräder – gefunden haben, an denen Sie gevögelt haben, weil Sie es bis nach Hause einfach nicht mehr aushielten? Und Sie haben sich dabei nicht mal ausgezogen? Na also!

Mit dem Onkel aus Amerika im Spaßbad

Nur einmal im Jahr kommt er zu Besuch, der Patenonkel der beiden Kinder von Frau Liebling und Herrn Schatz. Leider. Aber schön und lustig ist es jedes Mal. Weil er sich eben auch sonst um seine Patenkinder kümmert, der Onkel – mit Briefen, Mails, Anrufen, Postkarten … und natürlich mit seinen verrückten Geschenkideen.

Der Onkel aus Amerika ist ein junger Onkel, einer, der in Kalifornien mit einer dieser Start-up-Firmen tatsächlich sein Glück gefunden hat. Auch wenn Glück vor allem Arbeit heißt. Nichts als Arbeit.

Nun ist er – zumindest für ein Wochenende – endlich mal wieder da, und die gesamte Familie Liebling-Schatz steht sehr zur Freude der Kinder samt Onkel und einigem Badegepäck an der Kasse einer dieser paradiesischen Spaßbäder, die richtig stolz darauf sind, dass sie mindestens zu den weltgrößten gehören, mit all den Rutschen, Becken, exotischen Saunen, Dampfbädern und wohltemperierten Menschenmengen.

Das Ziel der Kinder ist klar definiert: Möglichst schnell zum Rutschengewimmel und mindestens zehnmal gemeinsam mit dem Onkel aus Amerika diese sagenhafte „Black Mamba" rutschen, eine 145 Meter lange und vor allem schnelle Wasserbahn, auf der man teils komplett im Dunkeln nach unten rast, teils mitten hindurch zwischen bunt blinkenden Lichtern. Und auf jeden Fall noch die Trichterrutsche, auf der man sich immer wieder um die eigene Achse dreht. All das hatten die Kinder mit dem Onkel bereits im Auto auf der Fahrt zum spaßigen Bad verabredet, untermalt von einem mehrfachen und lautstarken: „Das wird geil! Das wird so geil!"

Das also ist das Ziel der Kinder. Gemeinsam mit dem verrückten Onkel natürlich. Die Anwesenheit der Eltern, auch das haben die Kinder im Auto klar und klipp formuliert, scheint zwar erwünscht, allerdings wohl eher im Hintergrund. Frau Liebling und Herr Schatz sollten da sein, um da zu sein – und um zu zahlen natürlich: den Eintritt, die Getränke, die obligatorischen Pommes und wer weiß, was noch.

Und weil sie das schon kommen sehen, führen die beiden nicht nur zwei Schlafbrillen mit sich, sondern auch Lektüre: allerlei Zeitschriften und Bücher, darunter auch einen mit Aufklebern gut getarnten Band mit erotischen Erzählungen, der wahrscheinlich nur deshalb „Heiß und hemmungslos" heißt, weil ihn Frau Liebling in den sogenannten Ruhephasen bei ausgiebigen Saunabesuchen – allein oder mit Herrn Schatz – stets sehr zu schätzen weiß. Aber was nutzt schon die erregendste Lektüre, wenn sie dann doch nur liegen bleibt. Weil die Kinder auf einmal andere Pläne haben.

„Papa, kommt ihr doch mit zu den Rutschen?", bettelt der Sohnemann plötzlich unter der reinigenden Dusche, und als Herr Schatz unter dem auf ihn prasselnden Wasserstrahl nur das Gesicht verzieht, schiebt der Kleine noch ein gnadenlos langgezogenes „Oooooch biiiitteee!" hinterher, während der Onkel aus Amerika einfach nur mit den Schultern zuckt und grinst.

Es scheint ein Komplott der Jugend zu sein, denn auch Liebling und Schatzens Tochter hatte ihre Mutter in der Dusche dazu gebracht, den für derlei Rutschvergnügen eigentlich ziemlich ungeeigneten Häkel-Bikini etwas enger zu knoten und doch mitzukommen, zum Labyrinth der Röhren.

Also suchen sie sich in der fast paradiesisch leeren Therme ein paar Liegen, breiten einige der vielen mitgebrachten Handtücher aus und verstauen die Taschen unter den Rückenlehnen der Liegen.

„Bahn frei!", ruft der gern alberne Onkel und schiebt Herrn Schatz an den Schultern wie bei einer Polonaise vorweg Richtung Rutschenparadies, gefolgt von Madämchen, Madame und dem Sohnemann.

Zum Aufwärmen gibt's für alle „Open Space", eine Wellenrutsche, breit genug für ganze Großfamilien und erstaunlich harmlos. Danach geht es, weil der Auftakt nach Meinung der Kinder eindeutig zu langweilig und „babysch" war, zum „Magic Eye", mit 365 Metern natürlich gleich „Europas längste Röhrenrutsche", eine wilde Tunnelabfahrt auf Reifen, die selbst den Herrschaften Liebling und Schatz so viel Spaß macht, dass sie gar nicht merken, dass der Onkel aus Amerika einmal kurz verschwindet.

Als er nach einer Weile wiederkommt, trifft er seine Paten-Familie immer noch dort, wo er sie verlassen hat: an der Reifenrutsche. Umringt von Herrn Schatz, Sohnemann und Madämchen versucht Frau Liebling gerade verzweifelt, den Slip ihres Bikinis notdürftig zu flicken. An dem sind während einer der wilden Rutschpartien nämlich gleich beide geknoteten Seiten aufgerissen, sodass sie im Landebecken zur Begeisterung einiger pubertärer Jungs peinlicherweise unten ohne dastand.

Der Onkel aus Amerika räuspert sich, um bemerkt zu werden.

„Na", sagt er, „von mir aus kannst du das Ding auch gleich auslassen."

„Spinnst du?", fragte Frau Liebling mit einem leicht schiefen Lächeln. „Das hätteste wohl gern."

Sie und der Onkel aus Amerika frotzeln sich an, seit sie sich über Herrn Schatz kennengelernt haben. Daran sind schon alle gewöhnt. Deshalb nimmt auch keiner aus der Bikini-Schutzgruppe Anstoß daran, als der Onkel sagt: „Ich glaube ja eher, *ihr* hättet das gern. Dein Schatz und du. Deswegen dürft ihr auch in zehn Minuten dahin, wo nur wenige hindürfen. Ich habe euch nämlich gerade für zwei Stunden in den Dream Day Spa eingebucht. Eine Suite zwei Stunden lang nur für euch, während die Kinder und ich für die nächste Rutschweltmeisterschaft üben. Natürlich nur, wenn ihr wollt."

„Ja, schon, aber die Kinder, ich meine…", stammelt Frau Liebling.

„Du meinst, wir gehen da einfach hin und kommen dann nachher einfach so wieder zurück?", stottert auch Herr Schatz.

„Paapaa, Maamaa", nölt ein augenverdrehendes Madämchen, „jetzt freut euch doch einfach mal, wenn euch der Amerika-Onkel was schenkt. Ihr wolltet doch eh lieber eure Ruhe haben, oder?"

Glucksend schauen sich Frau Liebling und Herr Schatz an, dann blicken sie zum Onkel, so, als wäre längst die Entscheidung gefallen.

„Also von mir hat eure Tochter die Tatsachenverdreherei nicht", sagt der Amerika-Onkel, nimmt die beiden Kinder rechts und links in seine Arme und sagt noch beiläufig zu den Eltern: „Los, ihr beiden, ab dafür! Ist mein Geschenk für euch. Lasst euch überraschen, wie gut man sich da offenbar entspannen kann. Habe ich jedenfalls am Eingang in einem Prospekt gelesen."

Und schon trollen sich die beiden, was ein wenig eigenartig aussieht, weil Frau Liebling auf dem Weg bis zu den Liegen und den Badetaschen in der Therme mit beiden Händen ihren Slip zusammenhält. Dort werfen sie sich ihre Bademäntel über, schlüpfen in ihre Schlappen, schnappen sich zwei Handtücher und fragen einen gerade herumstehenden Bademeister nach der richtigen Türe zum Dream Day Spa.

Die Rezeption dieses separaten Bereichs ist überraschend schnell gefunden. Eine freundliche ältere Dame erklärt ihnen, dass die „Venus Suite" für sie reserviert und bereits alles bezahlt sei. Selbstverständlich sei der Besuch der Saunen und Dampfbäder inkludiert, entsprechende Handtücher dafür lägen in der Suite parat.

Ach so, ja: „Wann darf denn meine Kollegin den Champagner servieren? Gerade den Laurent-Perrier sollte man doch möglichst kühl trinken."

Frau Liebling und Herr Schatz starren die Frau ungläubig an, und im gleichen Moment platzt es auch schon unisono aus ihnen heraus: „Cham-pa-gner?"

„Selbstverständlich. Ist im Preis inbegriffen. Das Obst-Arrangement, das Sie auf der Suite vorfinden, übrigens auch."

„Tja, dann, würde ich mal sagen, in einer halben Stunde oder so", schlägt Herr Schatz vor und schaut Frau Liebling fragend an. Beide sind zugegebenermaßen unerfahren in derlei Bestellungen.

Der Weg von der freundlichen älteren Dame zur Überraschungs-Suite ist voller Vorfreude. Arm in Arm gehen die beiden die Treppe hinauf auf eine Empore, auf der irgendwie alles nur noch weiß ist: weiße Wände, weiße Tücher, weiße Türen, weiße Lounge-Sessel. Sie öffnen die Tür zur „Venus Suite" und staunen: Eine riesige weiße Liege-Insel steht mitten im Raum, auf dem raffiniert blickdicht gemachten Balkon, von dem man runter auf die Außenpools schaut, zwei Pritschen zum Sonnen. Und neben der Insel ein Tisch mit einer üppig bestückten Platte Obst.

Frau Liebling schließt die Tür hinter sich und lässt den Bademantel einfach so von den Schultern rutschen. Herr Schatz, der vor ihr steht, tut es ihr gleich. Und so stehen sie sich einen Moment gegenüber, sie nur noch in einem Bikini-Oberteil, er in Badehose. Sie lächeln erst, dann lachen sie, über diese völlig unverhoffte Überraschung und ihren merkwürdigen Aufzug. Beide fühlen sich irgendwie – neckisch.

„Sie wissen schon, dass das hier eine textilfreie Zone ist?", fragt sie ihn mit verstellter Stimme.

„Und Sie wissen schon, dass ich tierisch auf unten ohne stehe?", fragt er zurück.

Dann kommen sie sich näher, umarmen sich zärtlich, küssen sich und ziehen sich gegenseitig aus – soweit das noch nötig ist. Und während sie sich küssen und streicheln, schiebt Herr Schatz seine Frau rückwärts zu der kuscheligen, weißen Insel, bis sie mit ihren Beinen an die geflochtene Umrandung stößt. Mit nur einem Finger zwischen ihren Brüsten stupst er sie so an, dass sie nur noch nach hinten fallen kann. Was sie auch mit angemessen theatralischer Geste tut.

„Ah, ist doch herrlich, solch einen Onkel zu haben", sagt sie mit einem Seufzer, der hörbar aus ihrem tiefsten Inneren nach oben zieht. Und während sie für einen Moment ihre Augen schließt, schnappt sich Herr Schatz mit Zeigefinger und Daumen von dem Obst-Tablett eine Erdbeere, legt sich neben seinen Liebling, tupft mit der roten, saftigen Frucht sachte auf ihre Stirn und streicht mit ihr dann über Nase und Mund bis zu dieser verführerischen Kuhle unterhalb des Halses, in der die Beere aber nur kurz liegen bleibt. Weil Herr Schatz nach ihr schnappt, mit seinem Mund, sie genussvoll kaut, um dann den fruchtigen Brei in einem langen und gierigen Kuss mit seiner Geliebten zu teilen.

„Wird das hier jetzt 9½ Wochen?", fragt Frau Liebling in einer Kusspause ein wenig atemlos.

„Nein, viel besser, vor allem mit weniger Kühlschrank und weniger Milch", haucht ihr Herr Schatz in den Mund. „Du darfst es 1½ Stunden nennen…"

Und dann pflückt er eine Weintraube vom Tablett und lässt sie von der Spitze einer ihrer Brüste talwärts rollen, von wo aus sie natürlich prompt in ihren Bauchnabel kullert, schnappt sich auch diese mit dem Mund, um sie ganz allein zu vertilgen, während er eine zweite Traube an Frau Lieblings Mund führt, mit der Beere über Ober- und Unterlippen streicht, bis sie die glatte Kugel einfach einsaugt – mit einem leisen „Plopp". Was beide albern kichern lässt.

„Hunger auf richtig geilen Obstsalat?", fragt Herr Schatz leise.

„Hunger nicht, Lust schon", antwortet Frau Liebling, und sie klingt tatsächlich eher lustvoll als hungrig.

„Dann machen wir uns doch mal an die Zubereitung", sagt Herr Schatz und beginnt neben Frau Liebling liegend eine Banane im Zeitlupentempo zu schälen.

„Was heißt hier wir? Du! Ich bin dein paradiesischer Gast", meint Frau Liebling mit einem auffordernden Lächeln, das Herrn Schatz dazu bringt, die Spitze der Banane derart langsam in seinem leicht geöffneten Mund rein und raus zu schieben, dass sein Gast noch weniger Hunger und noch mehr Lust bekommt.

„Gut machst du das", lobt sie, „wusste ich ja gar nicht, dass du so was kannst…!"

„Du weißt ja auch nicht, mit welchen Lehrfilmen ich mich in einsamen Abendstunden so fortbilde", antwortet er mit einem frechen Grinsen und wechselt mit der Banane nun von seinem in ihren Mund, der die krumme Frucht gern aufnimmt, um sie mit der Zunge wieder raus zu befördern und sie dann lutschend wieder einzusaugen … was herrlich anzuschauen ist.

„Manchmal wäre ich liebend gern eine Banane", flüstert Herr Schatz und führt das geschälte Ding mit einem Mal zum Eingang ihres anderen süßen Mundes, ihres Lusttempels und streicht mit der Spitze die blütenzart gewellten Lippen entlang, was seinem Gast ein leichtes Zittern entlockt.

„Dann wäre für dich aber da unten jetzt Endstation", säuselt Frau Liebling, „ich bin nämlich keine Deponie für Bananenbrei, du Fruchtzwerg."

„Auch Zwerge haben Lust auf Veränderung", erwidert Herr Schatz und leitet Frau Lieblings Hand zu seinem Schwanz, der schon längst kein Zwerg mehr ist. Sie umfasst ihn, hält ihn, massiert ihn, während Herr Schatz die Banane beiseitelegt und stattdessen nach einer Erdbeere greift, mit der er über Lieblings Vulva streicht. Die grünen Noppen, die ja eigentlich Samen sind, seien recht stimulierend, hat Herr Schatz mal gelesen. Was zu stimmen scheint, denn Frau Lieblings Beine öffnen sich noch ein wenig mehr und beginnen leicht hin und her zu wippen, was – wie er weiß – ein untrügliches Zeichen für ihre wachsende Erregung ist. Nach einer Weile umkreist er mit der Erdbeere ihren Kitzler, und aus dem Wippen wird nun schon ein Zucken, als er eine zackenförmig zugeschnittene Scheibe Mango nimmt, diese mit den Zacken Richtung Lustperle in Frau Lieblings feuchten Tempel schiebt und sanft hin und her bewegt.

Es ist ein köstlich widersprüchliches, noch nie erlebtes Doppelgefühl, in dem Frau Liebling nun schwelgt. Die kreisende, noppige Erdbeere auf ihrer Klit und die glitschige, zackige Mangoscheibe in ihrer geschwollenen Spalte lassen sie aufstöhnen, während sie ihren Kopf auf der Liegefläche hin und her wendet.

Ihre Brüste und ihr Geschlecht schmerzen vor Lust, als es plötzlich an der Tür vernehmlich klopft. Hektisch wirft Herr Schatz das lustbringende Obst auf das Tablett und schmeißt sich wegen seines imposanten Ständers bäuchlings auf die Matratze, während seine Frau nur schnell ein Handtuch umlegt und heiser „Herein!" ruft. Da öffnet sich auch schon die Tür und eine korpulente Rothaarige steht in weißem Kittel vor ihnen – mit einem Champagnerkübel und zwei Gläsern.

„Zimmerservice", flötet sie fast übermütig, betrachtet nur eine Sekunde zu lang die feuerrot erstarrten Köpfe von Frau Liebling und Herrn Schatz, stellt Kübel und Gläser auf den Tisch neben das Obst und verschwindet wieder.

Immer noch wie gelähmt liegen die beiden gerade noch Lustbebenden da und stammeln ihr nicht mehr als ein „Äh, ja, danke!" hinterher.

Die Tür schließt sich, und die beiden müssen plötzlich schallend lachen. Sie liegen auf der Liege und lachen und lachen, bis sie gar nicht mehr wissen, warum eigentlich.

„Wo waren wir noch mal stehen geblieben?", fragt Frau Liebling nach einer stillen Weile, beugt sich schließlich zum Obst, nimmt die Mangoscheibe und die Erdbeere und schiebt sich die Erdbeere in den Mund und lässt Herrn Schatz von der Mango abbeißen.

„Da?", fragt sie genüsslich schmatzend.

„Ich finde ja da", erwidert Herr Schatz und zeigt auf die Flasche Champagner, zieht sie aus dem eisigen Behälter und öffnet sie gekonnt, während sich Frau Liebling erhebt, das Handtuch zu Boden fallen lässt und vor den Augen ihres staunenden Mannes mit beiden Händen die Unterseiten ihrer Brüste streichelt, bevor sie sich selbst an die Nippel kneift, sie rollt und an ihnen zieht, um dann eine Hand zwischen ihre Beine zu schieben.

„Vielleicht war es ja doch hier?", sagt sie mit rauer Stimme und spürt, dass ihre Möse schon wieder warm wird und nass – nach der kleinen Unterbrechung.

„Die ist irgendwie heißgelaufen, finde ich."

Auch Herr Schatz erhebt sich nun, nimmt die zwei gefüllten Champagnergläser, von denen er eines formvollendet seinem Gast reicht.

„Dann sollten wir das arme Ding aber schleunigst abkühlen", raunt er und bleibt eher gezwungenermaßen mit etwas Abstand vor ihr stehen. In Schwanzlänge nämlich, denn auch Herr Schatz ist erstaunlich schnell wieder in Wallung gekommen. Nach einem Schluck kalten, perlenden Schaumweins und einigen heißen Küssen hat er eine kühne Idee.

„Mach mal die Augen zu", flüstert er seiner Gattin ins Ohr, die ungewohnt prompt auch artig gehorcht.

„Ich lege dich jetzt wieder hin und werde dich überraschen. Du solltest dich aber auf das Heftigste und Schlimmste gefasst machen", erklärt er ihr und führte sie zurück zu ihrer fruchtigen Liege.

„Augen zulassen und Beine leicht öffnen", ordnet Herr Schatz nun weiter an, und auch darauf lässt sich seine Frau bereitwillig ein.

Dann nimmt er so leise wie möglich einen Eiswürfel aus dem Champagnerkübel, steckt ihn einen Moment lang in den Mund, um die Ecken rund zu lutschen und streicht schließlich mit dem Würfel – begleitet von einem fast quiekenden Aufschrei Frau Lieblings – wiederum von der Stirn über Nase, Mund und Hals bis zu ihren Brüsten, deren Nippel durch die Eiseskälte sofort steif und fest werden, und dann über ihren Bauch hinab zu ihrer warmen Venushöhle, die auf den ersten Kontakt mit dem Eis mit einem schmerzhaften Zucken reagiert, dann aber eine merkwürdige Mischung aus Hitze und Kälte registriert, die deutlich intensiver wird, als Herr Schatz den Eiswürfel in ihre Möse drückt – dabei eifrig ihren Kitzler leckend...

„Bist du völlig wahnsinnig", schreit Frau Liebling auf und schiebt dann doch ein „oh Gott, ist das geil" hinterher, als er auch noch zwei Finger in das heißkalte Nass versenkt. Ihr ganzer Körper scheint mittlerweile zu pochen und zu vibrieren, als es abermals an der Tür klopft, nein, trommelt.

„Tschuldigung, aber eines ihrer Kinder...", ruft eine ernste und eindringliche Stimme durch die Tür – und dann in Wortfetzen: „ausgerutscht ... blutet ... kommen."

„Ja, klar, sofort", kreischt Frau Liebling in einer verheerenden Mischung aus schlagartig schwindender Lust und aufkeimender Panik. Beide springen auf, schlüpfen in nichts als Bademäntel und -schlappen, reißen die Tür auf und rufen unisono: „Wo?"

Bei den Rutschen also, am Treppenabsatz zur „Black Mamba". Und da stehen sie auch, ein tröstender Onkel aus

Amerika, ein hilfloses Madämchen, ein pflasternder Bademeister und ein an der Stirn blutender und aus den Augen weinender Sohnemann.

„Mama! Papa! Endlich!", ruft er, und es klingt so, als zöge es aus dem tiefsten Innersten nach oben. Beide nehmen ihren Sohn in den Arm, drücken ihn fest und beteuern, dass alles wieder gut würde. Fast alles jedenfalls, denn in diesem Moment sieht die hockende Frau Liebling, dass das Schmelzwasser des Eiswürfels auf ihrem Bademantel einen immer größer werdenden Fleck hinterlässt.

Tipps aus der Liebling- und Schatzkiste

Es geht doch nichts über Lieblingsonkel oder Lieblingstante, vielleicht auch Lieblingsfreund oder -freundin der Familie. Wenn dieser Favorit kommt, sind die Kinder Feuer und Flamme. Sie hängen an seinen Lippen, weil sie seine Geschichten so lieben. Wollen nicht von seiner Seite weichen, weil er immer so coole Ideen hat. Und lieben es, mit ihm etwas zu unternehmen, weil er einfach immer auf Action aus ist.

• **Ergreifen Sie Ihre Chancen**

Nutzen Sie diesen Onkel oder diese Tante, Freundin, Cousine, Nichte, den Neffen … schamlos aus! Schamlos im Sinne von: Wenn er zu Ihnen zu Besuch kommt, gönnen Sie Ihren Kindern und dem Lieblingsonkel einfach ein paar gemeinsame Stunden. Lassen Sie sie ins Kino gehen oder ins Fun-Bad. Vielleicht ist auch mal wieder ein Zoobesuch angesagt, eine Ausstellung oder auch – für die älteren Kinder eine tolle Sache – eine Stippvisite in einem angesagten Café der Stadt. In dieser Zeit nehmen Sie sich Zeit für sich.

• **Gute Vorbereitung ist wichtig**

Überrumpeln Sie Ihren Lieblingsverwandten oder den Freund der Familie aber nicht mit der Situation. Besprechen Sie vorher, dass es eine schöne Sache wäre, wenn die Kinder ihn – oder sie – mal für sich allein hätten, ohne Erwachsenengequassel und stete Ermahnungen, doch vom Onkel abzulassen. Und lassen Sie ruhig durchblicken, dass er damit auch Ihnen einen Gefallen tut. Den, sich mal wieder in kleine Fluchten zu flüchten. Sonst geht es Ihnen nämlich wie Frau Liebling und Herrn Schatz: Wenn die Kinder die Eltern in der Nähe wissen, werden kleine Krisen zu großen und der Ruf nach Mama sofort ziemlich laut.

- **Neue Ideen für glückliche Eltern**

Übrigens: In Dänemark bieten hin und wieder Kindergärten den Eltern Abendbetreuung an, und zwar genau für den Zweck: Damit die Eltern Sex haben können. Leider in Deutschland noch nicht so etabliert...

Dildos zu Schwertern

„Was für einen Lärm nur zwei Buben veranstalten können", denkt Frau Liebling mal wieder genervt. „Eine Herde Trampeltiere ist ein Streichelgehege dagegen, brummelt sie innerlich", als ihr Sohnemann und sein bester Freund Jonas schreiend durch die Flure galoppieren.

„Temperamentvoll sind die beiden zusammen ja schon", meint sie zu Jonas' Mutter – ihrer Freundin Jana –, die endlich mal Zeit gefunden hat, auf einen Kaffee zu bleiben.

„Aber nur kurz!", hatte Jana eindringlich gesagt. „Du weißt doch, was ich immer alles erledigen möchte, wenn die beiden bei euch so schön zusammen spielen."

Aber immerhin hat sie sich gesetzt, sich beherzt ein großes Stück Kuchen abgeschnitten und sich auf den Kaffee gefreut. Frau Liebling stellt die beiden Kaffeebecher mit der frisch aufgeschäumten Milch auf den Tisch.

„Der ist koffeinfrei. Aber jetzt sag schon, wie hat dein Chef reagiert, als du ihm von deiner Schwangerschaft erzählt hast?", fragt Frau Liebling neugierig.

„Der ist schier umgefallen! Damit hat er nicht gerechnet", Jana schweigt kurz. „Und wir ja auch nicht. In meinem Alter, und dann noch ein drittes… Aber es ist okay. Mein Chef weiß ja, dass ich zuverlässig bin, auch mit Kindern."

Beide hängen kurz ihren Gedanken nach, werden aber brüsk von einem lauten „… neunundvierzig, fünfzig! Ich koooooomme!" unterbrochen. Die Jungs spielen ihr Lieblingsspiel Verstecken – schier unglaublich, wo sie immer wieder neue Verstecke finden! In Schränken, hinter Vorhängen, in der Schmutzwäschetruhe, unter Betten. Sie zwängen sich in die kleinsten Nischen, und Frau Liebling fragt sich immer wieder einmal, ob sie die beiden eines Tages nur noch mit Einsatz hilfsbereiter Feuerwehrmänner aus einem ihrer Verstecke bergen können… Und wieder trampelt es los. Ab durch den großen Flur: Hier wird eine Tür aufgerissen und wieder zugeschmissen, da irgendetwas hörbar durchwühlt und zur Seite gestoßen. Frau Liebling verdreht die Augen. Sie denkt daran, dass das Schlachtfeld danach auch wieder aufgeräumt werden will… Plötzlich vernimmt sie ein Kichern, eine Tür schlägt zu (klar!) und dann: Stille. In ihrem Unterbewusstsein schrillt eine Alarmglocke, der sie aber gerade wegen Janas detaillierten Ausführungen zu üblen Schwangerschaftsbeschwerden keine große Aufmerksamkeit schenken kann – dummerweise.

Wumms! Scheppernd wird die Tür wieder aufgerissen und heraus stürmen zwei maskierte Kerle. Sie halten kurze Knüppel in den Händen, fuchteln mit ihnen herum und mimen einen Kampf.

„Nimm dies, du Verräter! Nur ein toter Jedi ist ein guter Jedi!"

„Gegen einen Ritter der dunklen Macht gebe ich niemals auf", schreit der andere zurück und lässt den Knüppel gegen den hellblauen seines Gegners knallen.

Frau Liebling sitzt einen Moment stocksteif da und versucht zu begreifen, was sie da gerade sieht. Dann spürt sie, wir ihr schlagartig die Röte ins Gesicht schießt. Auch ihre Freundin ist verstummt und guckt fassungslos auf die Szene, die sich ihr bietet. Jetzt springt Frau Liebling auf und stürzt sich auf die beiden Buben.

„Spinnt ihr?", schreit sie mit leicht hysterischem Unterton. Hastig greift sie nach den Knüppeln und reißt sie den Jungs aus den Händen.

„Geht's noch? Hast du etwa …, wie kannst du nur … habt ihr 'nen Knall? Gib die sofort her und jetzt verschwindet ins Kinderzimmer", schnauzt sie die beiden stammelnd an.

Die beiden gucken erstaunt, dann ziehen sie die Köpfe ein und laufen kichernd ins Zimmer vom Sohnemann. Frau Liebling bringt die beiden Knüppel verschämt und schnell ins Schlafzimmer zurück. Kurz begutachtet sie die beiden Dinger in ihrer Hand: einen durchsichtigen Dildo und einen ziemlich großen, hellblauen Vibrator. Sie scheinen zumindest keinen Schaden genommen zu haben. Frau Liebling weiß genau, wo der freche Freund sie gefunden hat: in einer Schachtel unter dem Bett, dort, wohin er sich gerade versteckt hat – und klar: neugierig reingeschaut hat. Wie peinlich! Wer weiß, was der noch so alles entdeckt hat. Bei der Vorstellung wird ihr noch heißer. Unter dem Bett lugt der Deckel der Schachtel hervor, das Seidenpapier ist herausgerissen und etliche Utensilien auf dem Boden verstreut: Liebeskugeln, kleine Überfinger mit schön kitzelnden Noppen, Gleitgel… Frau Liebling ist fassungslos, ärgerlich und peinlich berührt zugleich. Das geht doch niemanden etwas an, und jetzt haben es ausgerechnet die Kinder entdeckt, denkt sie verzweifelt.

„Hey, ärgere dich nicht so", hört sie plötzlich eine Stimme hinter sich. Jana steht im Türrahmen und grinst.

„Ist bei uns auch schon passiert. Sogar noch was viel Peinlicheres!"

„Ach, was denn?", fragt Frau Liebling ein bisschen schroff zurück, während sie ihr schönes Spielzeug in die Schachtel wirft und fest den Deckel drauf drückt, also könne sie dadurch die Entdeckung ungeschehen machen.

„Bei uns hat damals sogar die Kita angerufen", legt Jana jetzt nach.

„Die Kita?" Frau Liebling sieht ihre Freundin schief an. „Das glaub ich jetzt nicht."

„Doch!", ruft Jana jetzt lachend und legt den Kopf in den Nacken. „Ich wäre damals auch am liebsten im Erdboden versunken! Komm, ich erzähl's dir!" Sie gluckst.

Am Kaffeetisch nimmt Jana einen tiefen Schluck aus ihrer Tasse und rückt sich auf dem Stuhl zurecht.

„Also, das war so: Ich hatte auch mal solch einen lustigen Delfin. Das waren doch die ersten, die entweder nicht so aussahen wie ein geäderter Pimmel für Verruchte oder so aalglatt wie eine zu dick geratene Spargelstange in Beige. Du weißt schon. Genau. Dieser kleine Delfin war wirklich mein bester Freund. Damit habe ich so einiges kennen und schätzen gelernt. Den hatte ich sogar ziemlich lange. Diese ersten Dinger gehen ja irgendwie gar nicht kaputt. Und er war auch so schön hellblau. Als unsere Große dann so drei oder vier war, habe ich mal an einem Abend vergessen, den gewaschenen Delfin wieder wegzupacken. Irgendwas kam mir wohl dazwischen. Am Nachmittag spielte die Kleine dann bei uns im Schlafzimmer – ich habe gerade die Wäsche gemacht – und kam plötzlich angerannt und rief ganz entzückt: ‚Mama, guck, hab ich gefunden! Lieber Delli!' Ich war natürlich erst ganz entsetzt, aber in dem Alter haben die ja noch keine Ahnung davon, was sie in der Hand halten und was man eigentlich wirklich damit macht. Dummerweise fand ich das dann so niedlich, dass ich ihr den Vibrator angemacht und ihr gezeigt habe, wie lustig das auf dem Rücken kitzelt und auf dem Bauch. Die hat gequietscht vor Vergnügen! Nach einer Weile habe ich ihn wieder weggenommen und in die Schublade getan, ohne mir klar zu sein, dass sie mich dabei total genau beobachtet. Sie wollte ihn dann öfter haben, aber ich wollte jetzt auch nicht, dass es für sie zur Gewohnheit wird, mit einem Vibrator zu spielen! Irgendwie hat sie es dann wohl vergessen. Jedenfalls war eines Tages Spielzeugtag im Kindergarten. Etwas Besonderes sollten sie mitbringen..."

„Oh, nein! Ich habe da so eine Ahnung!", ruft Frau Liebling aus.

„Genau. Sie hat sich zwar irgend so 'nen Wackellaufhund mitgenommen, ist aber dann wohl statt noch mal aufs Klo zu gehen ins Schlafzimmer und hat sich den ‚Delli' geholt!" Sie macht eine Kunstpause, in der Frau Liebling tief Luft holt und sich schon voller Schadenfreude auf ihrem Stuhl windet.

„Jedenfalls klingelt kurz nach Mittag mein Handy in der Arbeit. ‚Kita' steht auf dem Display. Denk ich natürlich, die Maus wäre krank oder so und ich müsste sie abholen. Nein. Die Leiterin höchstpersönlich ist am Apparat! Ob ich wüsste, was meine Tochter heute mit in der Kita dabeigehabt hätte. ‚Ja, 'nen Wackellaufhund', meine ich. ‚Nein', sagt sie im Gouvernantenton: ‚einen Vibrator!' Vor der Gruppe habe sie ihn gezeigt. Und die Erzieherin, ein ganz junges Ding, statt das irgendwie lustig zu nehmen, ist ganz entsetzt und reißt ihr das Teil aus der Hand. Die Kleine fängt natürlich an zu weinen und schreit: ‚Ich spiel immer mit dem! Der wackelt so lustig!' Und die Erzieherin wird immer unsicherer und irgendwie endet alles im Fiasko. Schließlich ist sie zur Leiterin, die mich anruft und mich zu sich zitiert. Beim Abholen musste ich in ihr Büro und sie hat mich darüber aufgeklärt, das so ein Sexspielzeug nun wahrlich nicht in Kinderhände gehört!" Die Freundin imitiert die alte Dame hervorragend. Frau Liebling kringelt sich vor Lachen.

„Mann, hab ich mich gefühlt! Wie ein Schulmädchen!" Jana lacht herzhaft und sagt dann mit gesenkter Stimme: „Dabei hätte die ihn, verknöchert wie sie war, selbst gut gebrauchen können!"

Die Freundinnen lachen Tränen. Frau Liebling ist so froh, dass nicht nur ihr solche Dinge passieren.

„Weißt du, wenn wir in Urlaub fahren, verstecken wir unsere Sachen immer irgendwo. Im Koffer, getarnt als Sportbeutel oder in einer eigenen Kulturtasche. Einmal hatten wir ein bisschen Spielzeug einfach so in ein großes Badehandtuch gewickelt. Es lag in unserem Koffer. Beim Auspacken meinte die Große dann, es sei ihres, und wollte es sich schnappen und gleich zum See hinunter. Du hättest sehen sollen, mit welchem Satz ihr Herr Schatz zuvorgekommen ist. Sie war ganz verdutzt und hat nur genervt gemeint: ‚Papa, ich wollte damit nichts anstellen, ich wollte mich nur drauflegen!'"

Die Freundin nickt lachend.

„Ich hatte mal Gleitgel in einem Seitentäschchen von meinem Kulturbeutel versteckt und mein Großer meinte, es sei Haargel, das ich vor ihm versteckt halten wollte – Gott sei Dank hat er mal wieder nicht richtig gelesen. Er war schon dabei, sich das in Haar zu schmieren, als ich ihn entdeckte. Und weißt du was?"

Frau Liebling schüttelt den Kopf.

„Ich habe mich in dem Moment nicht getraut, es ihm zu sagen. Ich habe es ihm einfach nur aus der Hand gerissen und gesagt: ‚Nimm nicht so viel!' Er hat so verdattert geschaut und ich musste fast loslachen. Genau wie im Film ‚Verrückt nach Mary', findest du nicht?"

Und beide prusten los.

Tipps aus der Liebling- und Schatzkiste

Eltern haben keine Geheimnisse? Von wegen! Das bestgehütete Geheimnis neben dem Tagebuch oder anderen persönlichen Aufzeichnungen ist die Kiste mit den erotischen Spielsachen. Sie gehören zum Kern der Intimsphäre eines jeden Paares. Selbst die beste Freundin oder der beste Kumpel wird dazu keinen Zugang haben, auch wenn man sich vielleicht durchaus über das eine oder andere Sextoy austauscht oder einander Empfehlungen gibt.

• **Stehen Sie zu Ihrer Privatsphäre**

So wie für Sie die Tagebücher der Kinder tabu sind, dürfen Sie Ihren Kindern durchaus deutlich klarmachen, dass auch Sie in Ihrem Schlafzimmer Tabuzonen haben. Eine Schublade, die nur Ihnen gehört, oder eine Kiste unter dem Bett, im Schrank oder sonst wo. Sie dürfen Ihren Kindern auch sagen, dass das, was sie sähen, wenn sie das Verbot brechen, sie ziemlich irritieren könnte. Wenn es allerdings unabsichtlich passiert, dass Ihre Sprösslinge ihre Spielsachen finden, dann machen Sie nicht zu viel Aufhebens drum und suchen Sie sich ein neues Versteck. Sollte es im Kindergarten oder in der Schule wirklich mal zu peinlichen Entdeckungen kommen, bleiben Sie auch da in Ihren Äußerungen cool: Weisen Sie darauf hin, dass auch Erwachsene ein Anrecht auf Spielzeug haben. Und dass Sie es eben – im Gegensatz zu Kindern – nie offen rumliegen lassen.

Die verpackte Lust

Da stehen sie also. 110 niegelnagelneue Umzugskartons, in die angeblich das komplette Leben einer vierköpfigen Familie passt – oder zumindest kleinere Teile davon. Noch lehnen sie artig zusammengefaltet an der Wand im Flur, und Frau Liebling und Herr Schatz sind der kartonierten Überzeugung, dass es viel zu viele Kisten sind, aber Tim, der Umzugshelfer, meint: Das passt. Wobei Tim offenbar fast immer recht hat. Sagen die, die ihn kennen. Weil Tim vom Fach ist.

Das Ehe- und Elternpaar Liebling und Schatz und seine zwei Kinder sind nicht vom Fach. Es ist ihr erster Umzug seit verdammt vielen Jahren. Nicht dass es sie auf einen anderen Kontinent zieht oder in ein fremdes Land. Es geht einfach und schlicht in eine andere, größere Wohnung in immer noch derselben Stadt. Mehr Platz für vier Menschen, weil irgendeiner halt immer mehr Platz für sich braucht.

Und weil ein Umzug einfach immer mehr Geld kostet als vorher gedacht und geplant, wollen sich Frau Liebling und Herr Schatz den ganz großen Umzugsunternehmensauftrag lieber sparen. Ein paar Freunde und Bekannte, dazu zwei, drei Studenten und Tim, der Professionelle, das muss reichen. Noch dazu mitten im Sommer, diesem herrlich trockenen, aber keinesfalls zu kühlen Märchensommer. Wird schon gehen, irgendwie.

„Lass uns heute Abend noch mal eine Runde schwimmen gehen, okay?! Wer weiß, wann das in den kommenden Tagen und Wochen noch mal klappt", schlägt Herr Schatz seiner Frau vor, während er nach einem der letzten gemeinsamen Abendessen in der alten Wohnung gerade das letzte Mal die alte Geschirrspülmaschine einräumt.

„Von mir aus gern, aber erst, wenn Sohnemann schläft", entgegnet sie mit mildem Lächeln. „Sonst will er noch mit..."

Und irgendwann schläft er, der Sohnemann. Madämchen ist eh noch wach, liest und will von den Eltern nichts sehen. Also steigen die beiden auf ihre Räder, zwei Handtücher um den Hals gehängt, und radeln durch diese wunderbar laue und immer noch dämmrige Nacht zum See, zu ihrer kleinen, einsamen Bucht. Dort, wo sie im Sommer eigentlich immer waren, auch mit den Kindern, in all den Jahren.

„Irgendwie fühlt sich gerade alles wie das letzte Mal an", gesteht Frau Liebling in das Dunkel, während sie die Räder an die Büsche am Ufer lehnen.

„So schlimm?"

„Nö, nicht richtig schlimm, aber einfach komisch, zu wissen, dass jetzt alles aus dem gewohnten Tritt kommt, dass alles ein bisschen unbekannter wird."

Herr Liebling kommt näher und nimmt seine Frau an die Hand.

„Ich finde, das alles fühlt sich eher wie beim ersten Mal an, als wir uns zu unserem ersten Ausflug verabredet haben. Weißt du noch, dieser See mit den Moorlöchern?", sagt er, und seine Stimme ist mit einer Extraportion Beruhigung unterlegt.

„Damals warst du aber als Erster im Wasser", meint Frau Liebling, und sie beginnt, sich in einem mörderischen Tempo vollständig auszuziehen und ins Wasser zu rennen.

„Erste", ruft sie, dann platscht es.

„Zweiter", ruft Herr Schatz wie ein übermütiger Junge, nachdem auch er seine Klamotten von sich geworfen hat und ebenfalls in den See hechtet.

Was für eine herrliche Nacht, was für ein Seelenbad unter Sternen, in diesem erfrischenden Wasser. Und was für ein unbeschwertes Gefühl, danach einfach auf die Handtücher ins Gras zu sinken, Fuß an Gesicht, gegenüber also, nebeneinander, nackt. Sie plaudern ein wenig über das, was wohl kommt, und darüber, ob es denn neben dem Umzug noch einen kleinen Urlaub mit den Kindern geben könne, irgendwo für billig, bis Frau Liebling eher beiläufig beginnt, Herrn Schatz an den Fußsohlen zu kitzeln, und Herr Schatz auf dieses Kitzeln reagiert, indem er wiederum ihre Zehen mit Dutzenden von Küssen bedeckt, um dann Kuss für Kuss höher zu wandern, über den Spann und den Knöchel, über Schienbein und Knie bis hoch hinauf zum Oberschenkel. Was sie ihm mit einem Schnurren dankt und mit einer katzenhaft geschmeidigen Bewegung, in der sie sich leicht erhebt, um dann auf allen Vieren über ihm zu sein, ihr Gesicht zwischen seinen Beinen und seines zwischen ihren.

„Gehe ich recht in der Annahme, dass die Bucht heute Nacht exklusiv für uns reserviert wurde, der Herr?", fragt Frau Liebling eher rhetorisch, weil ihr heute Nacht ohnehin alles egal zu sein scheint. Ohne auch nur auf eine Antwort zu warten, nimmt sie sich dann Schatzens noch ein wenig schlappen Schwanzes an, mit der Hand erst, dann mit ihrer verspielten Zunge und ihrem Mund, in dem er prompt steif wird und fest. Weil Herr Schatz völlig überwältigt ist von dem Gefühl, nun zeitgleich auch Frau Liebling mit Mund und Zunge zu verwöhnen. Anfangs ist das Tempo dieses frisch gebadeten Kreislaufes der Lust noch fast zeitlupenhaft, aber innerhalb weniger Minuten steigert er sich zu einem rauschhaften Leck- und Lutsch-Crescendo, begleitet von dumpfen Lustgeräuschen, die mit einem Mal wieder zu Worten werden, als Herr Schatz seinen Schwanz mit Schwung aus ihrem Mund zieht und sich mit einem gepressten „Puah, ich ko-o-o-mme!" auf den nächtlichen Rasen ergießt.

Ohne zu wissen, ohne zu ahnen, was wirklich noch kommen würde in den Tagen danach, den Tagen des Umzugs. Tagen, in denen sie ihr Familienleben in die 110 Kartons verpacken und merken, dass selbst diese nicht reichen. Tage, in denen sie mit ihren Helfern Schränke und Regale und Betten zerlegen und merken, dass deren Hilfe vorn und hinten nicht reicht. Tage, in denen sie von früh morgens bis spät in die Nacht immer tiefer ins Chaos rutschen, weil die selbst geplante und vom Mitnahmemöbelhaus zusammengestellte Küche partout keine Küche werden will. Tage, in denen Herr Schatz vor Erschöpfung zu weinen beginnt, als er mit den Kindern und Frau Liebling abends in einem der Kinderzimmer auf einer kalten Call-a-Pizza kaut, wobei Erschöpfungstränen mit einer nach geschmolzenem Käse duftenden Serviette erstaunlich schnell zu trocknen sind.

Selbst eine Woche nach dem großen Tag, an dem ihre Möbel und Kisten von der alten in die neue Welt transportiert wurden, haben sie immer noch das Gefühl, nichts geschafft zu haben. Gar nichts.

Und während sich Madämchen und Sohnemann in dem Durcheinander so wohl zu fühlen beginnen, als hätten sie nie woanders gelebt, setzt sich zwischen Frau Liebling und Herrn Schatz ein schleichendes Gift frei, eine Mixtur aus Frust und Müdigkeit, die gereizt macht und wortkarg. Was gefährlich ist. Weil am Ende eines Tages nur noch skelettierende Wortwechsel bleiben wie: „Haste die Glühbirnen für das Badezimmer besorgt?"

„Wieso ich?"

Oder: „Und wer tapeziert uns jetzt die eine Wand? Ich hab so was noch nie gemacht."

„Du wolltest diese verdammte Wand, ich nicht."

Oder: „Du weißt schon, dass die Kinder heute Mittag noch nichts zu essen hatten?!"

„Oh, Scheibenkleister, habe ich total vergessen!"

So also vergehen Tag für Tag, und während zumindest das Umzugskistengebirge langsam abgebaut wird, bleibt anderes, das vorher in der alten Welt seinen festen Platz hatte, gut verpackt: der morgendliche Kuss zwischen Frau Liebling und Herrn Schatz nach dem Aufstehen, die kurze, manchmal flüchtige, aber doch allgegenwärtige Berührung, die Umarmungen zwischendurch, das gemeinsame Ritual vor dem Einschlafen, wenn er eines seiner Beine zwischen ihre klemmt, bevor sie Hand in Hand wegdämmern. All das ist still und leise verschwunden, weil sie abends völlig erschöpft einschlafen und morgens übermüdet wach werden. Keine Rede mehr davon, abends mal zusammen schwimmen zu gehen. Keine Berührungen mehr, die Lust machen könnten. Und beim x-ten Parcourslauf durch Möbelhäuser und Baumärkte kommt keiner von beiden auch nur auf die Idee, Arm in Arm zu gehen – oder Händchen zu halten. Es ist, als hätten sie ihre Lust beim Umzug in einen der 110 Umzugskartons verpackt, ohne zu wissen, wo. Und sämtliche Zärtlichkeit gleich mit. Eigenartig nur, dass beides den Herrschaften Liebling und Schatz nicht mal fehlt. Es lebt sich ja auch so, im gestressten Nebeneinander. Und als Herr Schatz eher aus Prinzip eines Abends beim gemeinsamen Zähneputzen zu Frau Liebling mit schäumendem Mund sagt: „Glaubst du nicht, wir sollten mal wieder…?", erntete er als Antwort ein Schnödes: „Och nö, ich bin einfach zu fertig."

Schon ist das Thema für mehrere Tage kein Thema mehr. Erst als beide wieder anfangen zu arbeiten und etwas Abstand haben – zueinander und zu ihrer betreuungsintensiven neuen Wohnung –, kommt Frau Liebling eines Abends auf die Idee, dass man sich doch einfach mal nackt aufs Bett legen könnte. Allein schon, um sich mal wieder zu spüren.

So liegen sie am späten Spätsommerabend nebeneinander. Fast schüchtern haben sie sich ausgezogen, die Kleidung auf den Boden fallen lassen und sich wie Adam und Eva gefühlt, als sie das erste Mal erkannten, dass sie nackt waren.

Vorsichtig kuschelt Frau Liebling ihren Kopf auf die warme Schulter von Herrn Schatz, bevor sie sacht die Hand auf seiner Brust ablegt. Sie riecht an seiner Halsbeuge und erkennt ihn wieder, den Duft von Herrn Schatz, den sie so lange nicht mehr gerochen hat, eigentlich nicht riechen wollte. Jetzt saugt sie ihn ein und spürt eine vertraute Zärtlichkeit in sich aufsteigen. Auch Herr Schatz erarbeitet sich die Nähe zu Frau Liebling. Ihre Haare kitzeln ihn an der Nase und duften nach ihr. Die weiche Haut auf ihrem Rücken fühlt sich so wohlbekannt an. Er tastet nach dem Muttermal über ihrem Po, das leicht erhaben ist. Es ist noch an derselben Stelle. Er lächelt in sich hinein. Alles neu und doch das Wesentliche beim Alten.

Seine andere Hand wandert weiter zu ihrem Busen. Doch mit ihrem Arm, den sie schützend davor presst, signalisiert sie ihm: Zur Berührung noch nicht freigegeben. Er zieht seine Hand langsam zurück. Dafür kommt sie ihm mit ihrem Mund entgegen, sucht seine Lippen, fordert ihn zu einem kleinen Kuss auf, nicht leidenschaftlich, doch durchaus lustvoll. Ihre Körper wandern langsam aneinander heran, aufeinander zu. Ihre Becken und Hüften berühren sich nicht nur, sie suchen den Halt des anderen. Sein Schwanz, der entspannt zwischen seinen Beinen hängt, beginnt sich zu regen, füllt sich mit Freude auf die Nähe, die sie wiedergefunden haben. Er spürt die warme Hand von Frau Liebling, die sich seiner müden Rute nähert, sie sanft streichelt und streicht. Die Finger tasten zu den Eiern, kraulen sie wie einem müden Kater das Fell, der die Streichlerin mit einem Schnurren belohnt. Denn Herr Schatz schnurrt. Genießt die Zärtlichkeit, die bis dahin in einem der Umzugskartons gefangen geblieben schien.

Jetzt regt sich auch Frau Liebling. Ein bisschen nur, aber sie regt sich, denn sie schlägt ein Bein über das Becken ihres Mannes wie zur Schere. Die geöffneten Schenkel bieten sich dem zu leichtem Leben erweckten Schwengel an. Ja, du darfst, meint Herr Schatz zu vernehmen. Er blickt ihr in die Augen, aber diese sind geschlossen. Entspannte Gesichtszüge macht er aus, die Fältchen um die Augen scheinen lustiger und lustvoller als zu Beginn des Stelldicheins. Also: er darf. Vorsichtig umfassen seine Finger seinen Schwanz, der nicht prächtig, aber passabel seinen Mann zu stehen versucht. Suchen seine Finger die kleine, dunkle Spalte, ertasten, wenn auch keine Hitze, so doch feine Wärme, trockene Wärme. So ziehen sich die Finger kurz zurück, um mit Speichel benetzt wieder nach unten zu gleiten und der trockenen Wärme etwas Feuchte hinzuzufügen.

Frau Liebling atmet ein, öffnet die Augen und schürzt ihre Lippen wieder zum Kuss. Er nimmt das Angebot gern an, während er seinen Schwanz in sie schiebt. Wieder atmet sie ein, hörbar, spürbar. Er füllt sie aus, sie genießt dieses Gefühl. Fragt sich in dem Moment, ob sie es gar nicht vermisst hat, all die Wochen. So bleiben sie eine Weile still, jeder im anderen versunken. Nun bewegt sich Herr Schatz. Langsam, behutsam. Eine Mischung aus freudiger Erregung und großer Erschöpfung stellt er erstaunt in sich fest. Auf jeden Fall ist er froh, seinem geliebten Liebling wieder näher zu sein.

Wie auch Frau Liebling es genießt, ihren Schatz zu spüren, ihn und seine wieder zum Leben erwachten Lenden zu fühlen. Seine Hüften kreisen, sein Becken wippt stoßend. Sie genießt es, wissend, dass sie heute wohl keinen Höhepunkt erfahren wird. Doch das spielt gerade keine allzu große Rolle. Es ist, als hätten sie endlich den letzten Karton gefunden, den Karton mit dem großen L für Libido, Liebe, Leidenschaft, der gut zugeklebt in der Ecke stand und schon allmählich einzustauben begann.

Herr Schatz bewegt sich in ihr, fühlt seinen Schwanz in ihrer Venus. Nicht flutschend und rauschend. Aber bereit, ihn wieder öfter aufzunehmen und ihn mit heißen Spielen zu verwöhnen. So hält auch er inne, ohne Erleichterung, aber die hat er heute nicht nötig. Und sagt: „Herzlich Willkommen im neuen Heim."

„Du auch. Und der letzte Karton ist auch endlich ausgepackt."

Tipps aus der Liebling- und Schatzkiste

Manchmal ist es einfach so. Die Lust ist weg. Futsch. Flöten. Dabei liegt es gar nicht daran, dass man sich auseinandergelebt hätte oder die Beziehung in einer Krise wäre oder man sich nicht mehr liebte. Es sind schlicht die Umstände. Allen voran der Zeitmangel, der einem kaum Luft zum Atmen, kaum Ruhe zum Essen, geschweige denn Lust aufs Bumsen lässt.

Damit das auf lange Sicht nicht wirklich eine Krise auslöst oder zum Dauerzustand wird, sollten Sie irgendwann doch wieder damit anfangen. Aber wie?

- **Definieren Sie Sex einfach neu**

Sex muss in einer Beziehung ja nicht nur die konsequente körperliche Vereinigung sein, der ganze Liebesakt bis zum Orgasmus. Beginnen Sie doch einfach damit, bewusst nebeneinander zu liegen, sich zu umarmen, sich aneinander zu kuscheln. Berühren Sie sich, streicheln Sie sich, küssen Sie sich. Wenn er keinen hoch kriegt, bedrängen Sie ihn nicht durch zu viele Stimulierungstechniken, sondern seien Sie sanft und zart. Noch mehr Druck kann jetzt keiner von beiden gebrauchen. Wenn sie nicht sehr feucht wird, können Sie sanft mit einem Gleitgel nachhelfen. Aber nicht, um dann drauflos zu rammeln. Es genügt, um wieder zum Spaß an der Sache zurückzufinden, einfach mal ineinander zu sein, sich zu spüren, sich zu bewegen – oder auch nicht. So verlieren Sie sich nicht ganz aus den Sinnen. Und finden dann leichter zueinander, wenn Sie wieder mehr Zeit füreinander haben und entspannter sind.

Paare, die auf Ziegen starren

Eine sanfte Meeresbrise streichelte die gebräunte Haut von Frau Liebling und Herrn Schatz und machte die spätsommerliche Hitze angenehm erträglich. Süßes Nichtstun. Herrliches Faulenzen. Urlaub! Frau Liebling sah von ihrem Buch auf und blinzelte in die Sonne. Der Sonnenschirm war schief in den Sand gerammt, daran baumelten allerlei Handtücher, Sonnenbrillen und Badeklamotten. Wild verteilte Beachballschläger, Bälle, Luftmatratzen markierten ihr Revier am fast einsamen Strand. In der Nachsaison verirrten sich nicht viele Touristen über die buckelige Sandstraße hierher. Vom anderen Ende der Bucht schwappte aus der Strandbar mediterrane Lounge-Musik zu ihnen herüber. Das nennt man chillen, fand Frau Liebling mit einem Blick auf die Tochter, die mit riesigen Kopfhörern in ihre eigene Soundwelt abgetaucht war und fleißig in ihr Tagebuch kritzelte, während sich Junior mit den Zwillingen der befreundeten Familie im Sandburgenbauen übertraf. Ganz friedlich, glücklich fast, genossen die drei Buben ungestört ihre Berufung als künftige Bauingenieure. Kein Zanken, kein Meckern, kein Raufen. Welch Idyll, stellte Frau Liebling gerührt fest. Und Herr Schatz? Der lag mit halb geöffnetem Mund neben ihr und ließ ab und an ein leichtes Schmatzen vernehmen. Was er nur träumte? Immerhin, wenn man genau hinsah, konnte sie eine deutliche Wölbung unter seiner knappen Badehose sehen. Hat er echt einen Ständer? Sie grinste. Eigentlich kein Wunder, fand sie. Die Ruhe, die Entspannung, die Wärme – und der kleine, feine Drink neben ihr – ließen die Sinne schweifen, machten Lust auf Lust. Sie spürte ein bisschen wehmütig dem feinen Ziehen in ihrem Unterleib nach.

Irgendwie war es ja schon paradox, fand auch ihre Freundin Vivian, die mit ihrem Gatten Earl und den gleichaltrigen Kindern mit der Liebling-Schatz-Familie urlaubte. Sie kannten sich von der Babymassage und hatten sich angefreundet. Ihre Männer und Kinder verstanden sich prächtig. So legten sie ab und zu ihre Ferien in die gleiche Zeit – und an den gleichen Ort. Also, irgendwie paradox, hatte Vivian vor kurzem den Faden wieder aufgenommen, dass man sich auf den Urlaub freut und hofft, endlich wieder tollen Sex miteinander haben zu können. Doch dann ist man beim Zelten und findet das zu hellhörig oder im Hotel mit offenen Familienzimmern oder im Wohnmobil, wo man auch nicht gerade seine Intimität ausleben könne. Höchstens, wenn man eine Ferienwohnung mit genügend Zimmern fände, dann könne man es ab zu mal – leise – krachen lassen. Wenn, fiel ihr Frau Liebling ins Wort, wenn dann wenigstens die große Tochter irgendwann mal schlafen gehen würde. Beide hatten sie die Augen verdreht und einander – von Frau zu Frau – ihre ungewöhnlichsten Plätze, an denen sie vor vielen Jahren heißen Sex erlebt hatten, preisgegeben. Wie die Teenies hatten sie gekichert, als sie von verrenkten Stellungen auf Rückbänken von winzigen Autos erzählten oder sich an fiese Ameisenbisse beim Vögeln im Wald erinnerten.

Frau Liebling seufzte. In einer Welt ohne eigene Kinder war der Urlaub dazu da, sich erst auszuschlafen und sich dann auszubumsen. Für Eltern jedoch war Urlaub nur noch der stetige Versuch, hohe Erwartungen mit den individuellen Ansprüchen und Befindlichkeiten eines jeden Einzelnen in Einklang zu bringen. Was dabei fast immer auf der Strecke blieb, war Sex. Auch diesmal sah es nicht nach großen Spielmöglichkeiten aus. Die Familiensuite mit zwei Zimmern im wohl doch zu günstigen Drei-Sterne-Hotel entpuppte sich als ein großer Raum mit zwei offenen Nischen, in denen relativ unsexy zwei Doppelbetten standen. Die Tür, die sich Frau Liebling so erhofft hatte, offenbarte sich als windige Schiebetür, die alles andere als schallschluckend war. Toll.

Frau Liebling setzte sich auf und sah sich um. Wo waren eigentlich Earl und Vivian? Ah, da: Earl schlenderte gerade von der Strandbar herüber, ein gut beladenes Tablett voller kleiner Leckereien und Drinks balancierend. Frau Liebling gestikulierte, um zu signalisieren, dass sie helfen wolle. Er schüttelte lässig den Kopf. Von der anderen Seite sah sie eine frohgelaunte Vivian heranhüpfen, die gerade einen Spaziergang zu den kleinen Buchten hinter den Felsen gemacht hatte. Was war mit der denn los?, fragte sich Frau Liebling. Ihr schelmisches Lachen konnte sie ja bis hierher erkennen. Was führte ihre Freundin wohl wieder im Schilde?

„Hey, ihr Schlafmützen und Faulenzer!", rief Earl gut gelaunt und stellte das Tablett auf einen kleinen selbstgebastelten Tisch.

„Hey, Madämchen, mit dem Anti-Meeresrauschen im Ohr – und auch ihr, ihr Super-Baumänner!", rief er den Buben zu. „Lecker Essen und noch leckereres Trinken – vor allem für uns Erwachsene", fügte er grinsend hinzu.

Langsam rappelten sich alle auf und trotteten herbei. Die drei Jungs stürzten sich gierig auf alles Gegrillte und verschmähten die feinen, in reichlich Knoblauch eingelegten Vorspeisenhäppchen. Dazu tranken sie genauso schnell ihre Colas leer und sprangen zurück zum Sandstrand. Frau Lieblings Große beäugte argwöhnisch die öltriefenden Vorspeisen und knabberte an einigen mageren Oliven und Tomaten, um sich gleich wieder mit ihren Kopfhörern weg von den peinlichen Erwachsenen zu begeben. Herr Schatz, der inzwischen auch aus seinen Träumen ins Hier und Jetzt zurückgekehrt war, rappelte sich auf und kam herbei.

„Hm, so ein Schluck eisgekühltes Bier ist schon was Feines, wenn man außer leckerem Essen sonst schon nicht so genießen kann, wie man gern möchte", gab er zweideutig in die Runde.

„Ach, da könnte es Abhilfe geben", gluckste es endlich aus der ungeduldig dreinschauenden Vivian heraus.

„Ich war dort hinter den Felsen. Dort sind so kleine Buchten, die echt uneinsehbar sind. Ich bin da rauf und rumgeklettert und hätte mir um ein Haar den Hals gebrochen", erzählte sie dramatisch, „aber man sieht einfach nix. Null Komma Josef!"

Earl, Herr Schatz und Frau Liebling blickten sie ungläubig an.

„Echt!?", fragten sie wie ein hoffnungsvoller Chor.

„Doch! Echt! Das Wasser ist dort ganz warm, und der Sand nicht so heiß wie hier. Einfach – einladend!" Sie strahlte ihren Mann an.

„Ja, dann sollten wir die Gelegenheit … ähm, würdet ihr kurz auf die Kinder schauen? Ich meine, so lange würden wir, na ja, ihr wisst schon…"

Herr Schatz grinste ihn provozierend an. „Was meinst du genau, was nicht so lange dauert? Das würde aber Vivian nicht gefallen, wenn du es einfach so schnell hinter euch bringst, nachdem sie dir überhaupt die Gelegenheit dazu verschafft…"

„Eigentlich wollte ich mit ‚schnell' dir geilem Bock auch die Möglichkeit geben, mal wieder deine Perle zu bedienen", frotzelte Earl zurück.

„Na, dann aber los, Earl. Ich bin heute schon den ganzen Tag so, wie soll ich sagen", gab sich Frau Liebling geziert, „erregt!" Sie fuhr sich aufreizend mit der Zungenspitze über die Lippen. Vivian sprang auf, schnappte sich einen Sarong und zog Earl an der Hand mit sich mit. „Keine Zeit verlieren, mein Hase!" Sie schüttelte ihre Schultern so temperamentvoll, dass ihre hübschen Titten tanzten und verschwand mit ihm Richtung Felsen. Frau Liebling und Herr Schatz lächelten sich an. Wenn das keine ausgezeichnete Idee war, wussten sie auch nicht.

„Was machen die denn?", bequemte sich Madämchen zu fragen.

„Ach, nichts weiter", antwortete Frau Liebling beiläufig. „Bisschen die Füße vertreten und schwimmen oder so."

„Is' klar", gab das kleine Fräulein zurück und verdrehte die Augen.

„Ach, hör du lieber deine Mucke", schnauzte Frau Liebling etwas heftig Richtung Tochter. So ein Mist, jetzt kriegt das Gör auch noch mit, was da läuft, erkannte Frau Liebling erschrocken.

„Die weiß, was los ist", raunte sie aufgeregt ihrem Mann zu, der in freudiger Erwartung wieder unter dem Sonnenschirm Stellung bezogen hatte und gelangweilt einer alten, zerfledderten Zeitschrift noch mehr zusetzte.

„Wenn schon", grummelte er zurück. „Muss ich denn meine Libido am Kreißsaal abgeben und bis lange nach der Pubertät der Kinder so tun, als hätte ich keinen Sex mehr? Als wäre ich ein vertrockneter alter Sack?"

Herr Schatz war sauer. Aber er wollte sich seine freudige Erregung durch so ein Geplänkel mit seiner Tochter nicht verderben lassen. Er robbte neben Frau Liebling, die auf dem Bauch lag und unauffällig auffällig immer wieder zu den Felsen spähte.

„Frau Liebling, gib ihnen doch etwas Zeit", raunte er ihr zu. Sanft streichelte er ihren Rücken, glitt über den Po hinab zu den Schenkeln, deren Innenseite er sanft berührte.

„Vorsicht, gefährliche Zone heute!" Frau Liebling wand sich ein bisschen unter seiner Zärtlichkeit, die sie aber sehr erregte. Sie schaute nach den drei Jungs, die immer noch selbstversunken miteinander spielten. Na, Gott sei Dank, dachte sie erleichtert. Nach einer schieren Ewigkeit sah sie Earl und Vivian über die Felsen zurück klettern. Bis zu ihnen strömte diese postkoitale Aura, die beide umgab. Vivians Haare standen in alle Richtungen, ihre Augen leuchteten und auf Earls Gesicht lag ein äußerst zufriedener Ausdruck.

Alle vier grinsten sich an. Wie blöde Teenies auf dem Weg zu etwas großem Verbotenen.

„Ab die Post. Noch sind alle Kinder ruhig und satt!" Earl gab Herrn Schatz einen freundschaftlichen Klaps auf die Schulter.

„Klar, Sir!"

Händchenhaltend standen sie auf. Frau Liebling warf einen letzten Blick auf die Tochter, die eingeschlafen schien. Erleichtert atmete sie auf. Das müsste sie jetzt nicht auch noch mitbekommen, fand sie. Flink kletterten Herr Schatz und Frau Liebling über die Felsen, bis sie zur dritten kleinen Bucht kamen. Da gab es tatsächlich nichts und niemanden. Oben nur rauer, steiler Fels. Was sollte da jemand wollen?

„Endlich allein mit dir, du schöne Frau", säuselte Herr Schatz und zog sie zu sich her. Geschickt zupfte er am Bändchen ihres Bikinioberteils, das herunterklappte und zwei weiße Dreiecke freigab, die sich von ihren weichen, braunen Titten abhoben. Er beugte sich zu ihnen herunter und küsste sie. Aufgeregt juchzte sie auf und wühlte in seinen Haaren. Herr Schatz saugte an ihren Nippeln, bohrte seine Finger in ihre Pospalte und schnippte ihr die Bikinihose herunter, die achtlos auf dem Boden landete. Frau Liebling tat es ihm gleich und ließ auch seine Hose in den Sand fallen.

„Ich verwöhne dich", schlug Frau Liebling vor.

„Oh, ja!" Herr Schatz lehnte sich gegen einen Felsen. Das Meerwasser umspülte seine Füße, und als Frau Liebling in die Hocke ging, um seinen saftigen Ständer tief in den Mund nehmen, spürte sie das warme Meer ihre Möse umspielen. Wie geil! Herr Schatz verschränkte die Arme hinter seinem Kopf. Das tat er immer, wenn er besonders konzentriert war oder schlicht und einfach nur genießen wollte. Langsam begann sie zu saugen, zu lecken, zu lutschen. Sein mächtiger Schwanz schien noch größer und härter zu sein, als habe er lange gelitten und müsse sich nun in voller Pracht zeigen. Er stöhnte auf. Sie nahm es als Zeichen weiterzumachen, ihn heftiger mit der Zunge zu massieren, stärker zu saugen. Da spürte sie, wie er heftig anfing zu atmen, seine Muskeln sich anspannten, als müssten sie gleich zerreißen.

„Stopp!", keuchte er. „Ich komme gleich. Aber ich will es dir auch machen."

Sie ließ den pochenden Stab aus ihrem Mund gleiten und stand auf.

„Komm hier an den Felsen", bat er, „dreh dich um. Ich nehm dich schön von hinten und du hast Meerblick."

Sie dreht sich um, presste die Arme wie im Liegestütz gegen den warmen Felsen und legte ihre Wange und den Busen an den warmen Stein. Sie hatte das blinkende Blau vor Augen, die tanzenden Wellen, die sie in Schwindel versetzten. Sie spreizte die Beine, reckte ihm ihre Hinterbacken entgegen und gewährte im Einlass. Herr Schatz schluckte. Er war so heiß, dass er sich beherrschen musste, nicht gleich beim ersten Stoß abzuspritzen, sondern auch seiner Frau das Vergnügen zu bereiten, auf das sie in dieser Position so gierig wartete. Er packte zart ihre Backen, sodass seine Daumen neben ihrem kleinen, dunklen Loch lagen. Dann schob er behutsam seinen prallen Schwanz in ihre wunderbar nasse Öffnung und zog dabei gleichzeitig ihren Po etwas auseinander. Frau Liebling zog scharf die Luft ein und hielt den Atem an. So konnte das nicht lange gut gehen. Sie war so scharf, dass sie am liebsten gleich gekommen wäre. Dass er den Po auseinanderzog in dieser Position war neu – aber so wahnsinnig geil! Er zog sich erneut ein bisschen zurück und drang wieder tief in sie ein und spreizte wieder ihr kleines Arschlöchlein. Sie stöhnte laut auf. Himmel, war das ein Gefühl.

Herr Schatz merkte, dass es ihr gefiel. Und wieder machte er geschmeidig diese Bewegungen. Frau Liebling keuchte. Und wieder drang er in sie ein und wieder meinte sie, dass sie es nicht länger aushalten könnte. Da übermannten sie die Wellen, die sich in ihr ausbreiteten, und sie keuchte laut auf. Und Herr Schatz, der sich genauso wenig zurückhalten wollte, merkte plötzlich, dass da ganz viele Stimmen um ihn herum waren. Dass es plötzlich meckerte und blökte und bimmelte. Erschrocken fuhr er aus Frau Liebling heraus und ergoss seinen Samen in großen Bogen auf ihren Rücken.

„Was ist das denn?" Völlig fassungslos blickte er auf. Von schier überall her strömten Ziegen in die kleine Bucht.

„Was?" Frau Liebling fuhr herum und blickte verstört auf die vielen Tiere, die sich aufmachten, sie von beiden Seiten zu umzingeln. Sie kamen neugierig näher, stupsten mit den Hörnern und suchten nach Fressbarem.

„Schei…benkleister, die frisst meine Hose", schrie Frau Liebling. Sie machte einen Satz, um dem Vieh das kleine Teilchen zu entreißen, aber das sprang davon, ohne daran zu denken, die Trophäe herzugeben.

„Du Miststück", erboste sich jetzt auch Herr Liebling, der einer anderen seine Badeshorts aus dem gefräßigen Maul riss – mit einem klaffenden Loch mittendrin.

„Wo kommen die denn her?", fragte Frau Liebling mit etwas schriller Stimme.

„Und wenn hier Ziegen sind, wo ist dann der Hirte?!", entfuhr es Herrn Schatz.

„Oh, verdammt! Vielleicht glotzt der schon lange da irgendwo und wir sehen ihn nicht!" Frau Lieblings Augen weiteten sich vor Schreck und mit einem Sprung hechtete sie ins Wasser. Der Sarong, den sie mitgebracht hatten, wurde gerade niedergestampft.

„Und wie kommen wir jetzt zurück?", fragte sie, nachdem sie sich im Wasser geschützter fühlte und den ersten Schreck überwunden hatte.

Herr Liebling äugte vorsichtig um den Felsen.

„Schwimmen müsste gehen, da dürfte nichts Gefährliches sein. Aber wie wir es den anderen erklären, wenn wir nackt aus dem Wasser steigen, das weiß ich auch nicht." Er zuckte mit den Schultern.

„Wieso? Wir sind einfach die Schaumgeborenen", grinste Frau Liebling. „Ein bisschen Unterricht in Mythologie, wenn man schon mal in Griechenland ist, hat noch niemandem geschadet", sagte sie und prustete los.

Tipps aus der Liebling- und Schatzkiste

Ein Urlaub verspricht Entspannung und Erholung. Und wer sich entspannt und erholt fühlt, bekommt Lust auf Sex. Weil jeder davon ausgeht, dass man im Urlaub von der Erholung quasi übermannt wird, schießen die Illusionen über heißen Sex mit dem Angetrauten ins Kraut. Doch dann bricht die Ernüchterung über das hoffnungsfrohe Paar herein: kein Platz, kein Raum, keine Intimsphäre. Das Apartment hat zwei Beistellbetten im Wohnzimmer, das Zelt ist zu heiß und zu hellhörig, im Hotel hat in der überteuerten Hauptsaison das Budget nur für ein Familienzimmer gereicht.

• **Gezielt nach Gelegenheiten suchen**

Was tun? Vor allem für Elternpaare ist es am besten sich vorher schon abzusprechen, was einem im Urlaub wichtig ist für das Paarsein. Und dann sollte man sich Gelegenheiten für die Erfüllung seiner Wünsche schaffen, sie sich und den anderen einfach abverlangen. Größere Kinder kann man schon mal für eine halbe Stunde oder Stunde allein an die Bar zum Eisessen schicken. Oder einfach ausweichen. Antizyklisch denken. Das herrlichste Beispiel kennt doch jeder: nachts an den Strand. Aber Achtung, nicht erwischen lassen! In vielen Ländern ist Sex am Strand nämlich nicht gern gesehen, sprich: gesetzlich verboten.

- **Ungeplantes mit Humor nehmen**

Wenn es dann auf der Suche nach den Freiräumen zu Störungen kommt – es muss ja nicht gleich passieren, dass Ziegen Ihre Badesachen verzehren –, wenn das kleine, hart erkämpfte Stelldichein aus Gründen, auf die Sie keinen Einfluss haben, danebengeht, nehmen Sie es mit Humor. Lachen Sie nach dem ersten Schreck gemeinsam darüber. Dann wird diese Situation zu Ihrem Paargeheimnis, das Sie vielleicht irgendwann sogar guten Freunden weitererzählen.

Aus therapeutischer Sicht: Einladung zum „schamlos Unperfekten"

Buch-Bestsellerlisten heizen erotische Fantasien an, TV-Reportagen nehmen uns mit in erotische Bereiche, die uns bisher nicht vertraut waren, Boulevardblätter und Magazine präsentieren sexuelle Weltrekorde oder fast unglaubliche Sex-Geschichten und im Internet ist man nur einen Mausklick von allem Un- und Außergewöhnlichen entfernt. Dazu die Flut von Ratgebern und Hilfsmitteln, die – frei Haus geliefert – das bisherige erotisch-sexuelle Programm zu toppen versprechen.

Sexuell gesehen sind wir einer Marketingflut ausgeliefert, die das Perfekte verspricht. Sex ist ein Markt geworden, und daraus resultiert auch im privaten Umfeld ein erotischer Wettlauf. Kurz: Das vorgegaukelte Bild vom perfekten Sex hat sich als mehr oder weniger verhindernder Faktor in der Besucherritze des Ehebettes breitgemacht. Peinlichkeiten, Versagensängste und die uns eingeimpfte Verhinderungslogik, immer zuerst einmal nach allen Gründen zu suchen, warum es eben gerade nicht geht, tragen dazu bei, dass die erotische „Flexibilität" mit den Beziehungsjahren abnimmt.

Liebling und Schatz haben sich von diesem unschönen Trend nicht anstecken lassen. Ihre kleinen Katastrophen, von denen die beiden in diesem Kapitel erzählt haben, zeigen, dass sie im erotischen Modus des Ermöglichens sind und sich nicht großartig darüber Gedanken machen, was denn alles gegen dies oder jenes spricht.

Liebling und Schatz haben als Paar trotz für ihr Liebesleben ungünstiger Rahmenbedingungen zwei wesentliche Grundhaltungen erkannt: Unperfekter Sex ist besser als gar kein Sex. Und: Miteinander schamlos zu sein, erhöht die Chance auf das erotische Miteinander.

Das ist gar nicht so einfach. Gerade Paare mit Kindern sind auf Vorsicht und Vorbild getrimmt. Das Leben miteinander läuft, besonders wenn es um die Erziehung und Begleitung von Kindern geht, ziemlich verkopft ab.

Liebling und Schatz haben ihr Mann- beziehungsweise Frausein nach der Geburt der Kinder nicht umgepolt in ein fast ausschließliches Elternverhältnis, in dem alles vorbildhaft, vorsichtig, umsichtig und somit korrekt abzulaufen hat. Sie haben ihre Kompetenzen als begehrendes-lustvolles Paar in das Familienleben integriert und damit der erotischen Exklusivität der Zweisamkeit einen wichtigen und wertvollen Stellenwert auch im Familienalltag gegeben.

Wir sind Mann und Frau. Wir mutieren nicht nur zum Elternpaar, sondern wollen auch ein Liebespaar bleiben. Kinder, Familie, Erziehung, Elternschaft, aber gleichberechtigt auch ein Liebespaar und ein lustgenießendes, begehrendes und erotisch-sexuell aktives Mann-Frau-Sein. Sex wird nicht zum „Abfallprodukt" der familiären Anforderungen, sondern vielmehr ein gepflegter, zu verteidigender Bestandteil einer Partnerschaft.

Und weil Liebling und Schatz sich dazu bekennen, bekennen sie sich auch zum unvollkommenen, halbvollzogenen Sex; zum Sex, der kleine Katastrophen in Kauf nimmt, ja sogar gelegentlich mit einkalkuliert, weil als Alternative in letzter Konsequenz das Verlernen des erotischen Miteinanders droht. Damit verbunden, erlauben sich Liebling und Schatz, miteinander „schonungslos" umzugehen mit jener positiven Rücksichtslosigkeit, die ein Kennzeichen einer begehrenden Beziehung ist. Liebling und Schatz haben den Mut, sich füreinander und miteinander schamlos zu geben. Nicht in einem geschmacklosen, billigen und peinlichen Sinn, sondern in einer wohltuend aufmunternden, entlastenden Art. Es ist eine spielerische Schamlosigkeit, die das Begehren und das Begehrtwerden ausdrückt. Diese Schamlosigkeit zeigt sich als Zeichen und Inhalt ihres erotischen Miteinanders, und sie zeigt sich als eine einladende, auffordernde Voraussetzung für das Nehmen, aber auch das Geben einer erotischen Zeit.

Liebling und Schatz wissen um die Möglichkeit des Scheiterns ihrer erotischen Anläufe. Sie gehen das Risiko ein, dass es eben nicht „bis zum Höhepunkt" klappt und dass – wie bei Elternpaaren üblich – immer etwas Unvorhergesehenes dazwischenkommen kann. Doch das, und das ist das Erfrischende an den Geschichten, hält die beiden nicht davon ab, es immer und immer wieder miteinander zu versuchen und ihre Erotik auch lebendig zu halten. Es geht Liebling und Schatz nicht um den perfekten Vollzug, sondern um die Bereitschaft, das Wollen miteinander wachzuhalten und damit den erotischen Teil ihrer Beziehung zu pflegen. Dies bleibt, wie in der einen oder anderen Geschichte beschrieben wird, auch dem jeweilgen Umfeld nicht verborgen. Und damit signalisieren Liebling und Schatz auch ihrer Umgebung die Wichtigkeit einer zu pflegenden Erotik.

Liebling und Schatz laden mit ihren Geschichten Elternpaare ein, sich mutiger und selbstbewusster ihre Paarbeziehung zu bewahren oder zurückzuerobern. Es wird deutlich, dass die beiden Erotik nicht nur als Bestandteil ihrer Beziehung sehen und leben, sondern Erotik und Sexualität als Beziehungswert neben den anderen Werten, die ihre Beziehung ausmachen, definieren – und dass sie diesen Wert auch aktiv pflegen. Das braucht das Wiedererwecken eines Spieltriebes, die Selbstsorge beider, einen spielerisch-sinnlich-erotischen Grundmodus miteinander zu entwickeln, den es gegenüber den Kindern und den nächsten Verwandten und Freunden zu verteidigen gilt, den es aber auch füreinander zu kultivieren gilt.

GROSSE ABENTEUER

Seien wir ehrlich: Wir Paare, vor allem wir Elternpaare, sind nur selten langstreckentauglich. Zeitmangel, Zuwendung für die Kinder, Stress, Job, Beziehungspflege und, ja, Libido – ist doch fast alles nur Kurzstrecke. Weil wir aber die meisten dieser Strecken nach einer Weile zur Genüge kennen, weil unsere sexuellen Aktionen eingefahrener sind, weil die Perspektive nach Abwechslung fehlt, keimt in Mama und Papa früher oder später diese fiese Neugier auf, endlich mal wieder großes Herzklopfen zu spüren, etwas Außergewöhnliches zu erleben, Sex in einer anderen Umgebung auszuprobieren oder gar: einmal Sex mit einem anderen als dem eigenen Partner zu haben – ohne dabei gleich die Beziehung aufs Spiel zu setzen. Das ist normal. Nur: Was passiert, wenn man derlei Träume als Paar real werden lässt? Und wie und wann wagt man diese Abenteuer überhaupt?

Zugegeben, Experimente sind nicht jedermanns Sache. Schließlich geht es dabei ja auch um Liebe, um Treue, um Eifersucht ... Wir sind überzeugt, dass es sich trotzdem lohnen kann, aus dem Alltag auszubrechen, um eigene Grenzen gemeinsam auszuloten und vielleicht sogar zu erweitern. Der Lohn ist Aufmerksamkeit füreinander, mehr Kommunikation und ein offenerer Umgang mit den erotischen Fantasien des Partners.

Sich zu offenbaren, um herauszufinden, worauf sich beide einlassen könnten, ist ein schwieriger Schritt. Macht man ihn achtsam genug, ist es eine prachtvolle Möglichkeit, die gemeinsame Lust an der Lust zu erhalten. Auch auf der Langstrecke. Ja, es erfordert Mut,

Neues zu wagen, aber Mut lässt sich auch portionieren. Muss es wirklich gleich der Besuch eines Swingerclubs sein oder mietet man sich erst einmal in ein Stundenhotel ein?

Bei der Suche nach den großen Abenteuern und dem Unbekannten wird es immer einen aktiveren und einen passiveren Part geben. Für beide gilt, nachzugeben und ab und an mal über den eigenen Schatten zu springen. Und für beide gilt ebenso, nichts zu überstürzen und uneingeschränkt zu akzeptieren, wenn der andere „Stopp" sagt. Für beide gilt, das Spiel von Nähe und Distanz immer wieder aufs Neue zu üben. Gelingt es, wächst Begehren und Vertrauen gleichermaßen. Eigentlich eine tolle Voraussetzung für die Langlebigkeit einer Beziehung.

Der Abenteuerspielplatz für Erwachsene ist viel größer als wir denken. Frau Liebling und Herr Schatz toben sich auf ihm zusammen aus. Sie erzählen, was passiert, wenn man sich als Elternpaar den einfühlsamen Händen von Tantra-Masseuren hingibt und wie prickelnd es sein kann, mal in die verruchte Atmosphäre eines Puffs einzutauchen, um dort ein neues Liebesspiel auszuprobieren. Sie lassen sich als Paar beim erotischen Posieren fotografieren. Sie wagen sich auf eine der exklusivsten und geheimsten Sex-Partys der Welt. Und sie gehen sogar gemeinsam fremd – mit einem anderen Paar.

Unsere Geschichten sind dabei weder Drehbuch noch Bedienungsanleitung, sondern einfach nur Mutmacher für Neugierige, Sex und Erotik und dabei auch sich selbst immer wieder neu zu entdecken und zu erfahren. Vorausgesetzt natürlich, die Kinder sind über Nacht oder am Wochenende auch bei Oma, Opa oder Freunden glücklich.

Tantra-Taumel

Das Hinweisschild am Eingang ist unauffällig: „Kunst der Berührung – alternative Massage". Wir klingeln, die Tür öffnet sich mit einem Summen. Im ersten Stockwerk empfangen uns zwei Frauen. Die eine zierlich und rothaarig, die andere üppiger, mit halblangen, dunkelblonden Locken. Ein mildes Lächeln tragen beide – und Sommerkleider. „Herzlich willkommen", sagt die Üppigere und reicht uns ihre warme Hand. „Ich bin Ella." – „Und ich heiße Dhyan", sagte die andere. Ella und Dhyan, unsere Masseurinnen.

Sie führen uns durch einen Flur, hinter eine von fünf Türen. Ein Altbauzimmer, mindestens 20 Quadratmeter groß. Die Fenster sind mit Holzjalousien abgedunkelt, in der Mitte des Raumes liegen auf dem Boden zwei große orangefarbene Matratzen, drapiert mit Kissen und Tüchern. Daneben Öle, Federn, Klangschalen, Kugeln und eine Fernbedienung. An einer Wand hängt ein mächtiger Spiegel, gegenüber ein Südsee-Bild von Paul Gauguin. Überall im Raum gibt es Buddhas, Muscheln und Kerzen. Wohlfühl-Accessoires.

Das hier also ist eine Praxis für Tantra-Massagen, die, so heißt es, über den Körper die Seele erreichen. Die Mischung aus therapeutischer Massage, Erotik und Sinnlichkeit soll tiefe Entspannung bringen. Neu ist diese rituelle Berührungskunst aus Indien nicht, aber seitdem Yoga allgegenwärtig geworden ist, entdecken sie Männer, Frauen und Paare. Tantra, das ist alte Religion und neuer Wellness-Trend zugleich. Aber möchten wir beide wirklich, dass uns gleichzeitig und in einem Raum nackte, fremde Masseurinnen intim berühren? Und was bedeutet es, dass unsere Körper „Tempel unserer Persönlichkeiten" sein sollen? Hatten Frau Liebling und Herr Schatz jedenfalls gelesen.

280 Euro kostet eine anderthalbstündige „Paarmassage". Frau Liebling und Herr Schatz haben sie einander geschenkt.

Haben ihre Kinder und Eltern angeschwindelt, das letzte gemeinsame Kaffeetrinken abgebrochen. Die Kinder durften noch ein paar Tage bei den Großeltern bleiben. Und Frau Liebling und Herr Schatz? Gaben vor, auf dem Heimweg noch „bei Freunden" vorbeischauen zu wollen. „Bei wem denn?", fragte die ältere Tochter, die es immer sehr genau wissen wollte. „Kennst du nicht", hatten die Eltern knapp und einstimmig geantwortet und ganz schnell woanders hingeschaut.

„Möchtet ihr Wasser?", fragt Ella. Frau Liebling und Herr Schatz setzen sich, und die beiden Masseurinnen erklären ihnen den weiteren Ablauf. Im Hintergrund sind sphärische Klänge zu hören.

Nach einer schönen Weile lassen die beiden das Paar erst einmal allein, damit es im Badezimmer nebenan duschen kann. Und dann...

Frau Liebling: ... dann stehen wir in der Mitte des wohlig warmen Raumes plötzlich voreinander, Herr Schatz und ich. Mit einem Kimono bekleidet, dicht aneinander gekuschelt. Ella und Dhyan wollen es so. Während ihre zarten Hände ein imaginäres Netz der Liebe um uns spannen und beide das auch so erklären, wogt eine Welle in mir hoch. Tränen steigen mir in die Augen, nach der Anspannung und den anstrengenden Tagen bei den Schwiegereltern, mit kleinen spitzen Bemerkungen, zu viel Essen, zu wenig Bewegung und Raum, viel zu vielen Leuten... Jetzt endlich kommen sie, die Tränen, und machen Platz für ein schönes Gefühl der Vorfreude. Ganz vorsichtig öffne ich meine Augen und sehe: Herrn Schatz geht es ähnlich. „Zieh bitte deinen Kimono aus und leg dich hin. Zuerst auf den Bauch", flötet Ella leise.

Ich durfte mir Ella aussuchen. Ihre schönen, weiblichen, weichen Formen, ihre strahlenden Augen, ihr fröhliches Lachen gefallen mir. Ella darf meinen Körper massieren. Ihre warmen, weichen Hände dürfen meine „Yoni" berühren, wie die Muschi im Tantrischen genannt wird. Als ich vor ein paar Jahren zum ersten Mal eine tantrische Massage erlebte, war ich erstaunt über mich selbst: wie leicht ich es doch zulassen konnte, dass eine Frau, eine fremde Frau, mich nicht nur massierte und berührte. Ich war damals völlig überwältigt von dem Gefühl, dem unglaublichen Orgasmus, den die Masseurin mit ein paar zärtlichen Handgriffen ausgelöst hatte. Seitdem versuchen Herr Schatz und ich uns ab und zu in etwas Ähnlichem wie einer tantrischen Massage, wenn Stimmung, Zeit und Lust passen. Mal gelingt es uns besser, mal weniger gut. Aber es ist irgendwie immer schön, intensiv und innig.

Jetzt liege ich also einfach so da, und Ella streicht mit weichen Tüchern über meinen Körper, von den Zehen bis zum Kopf. Dann tanzt plötzlich eine Feder über die Härchen meiner Haut und lässt sie sich wohlig sträuben, wie bei einer Katze. Und schließlich fließt viel warmes Öl über Nacken, Rücken, Arme, Beine, Füße… Weiche Hände liebkosen mich, ein warmer Körper umhüllt mich wie ein großes Tuch, wogende Brüste mit steifen Nippeln streifen meinen Körper. Meine Muskeln ziehen sich zusammen und entspannen sich. Wenn Ella besonders empfindliche Stellen berührt, schwebe ich zwischen absoluter Entspannung und ansteigender Erregung. Das Blut steigt gleichzeitig in meinen Kopf und in meine Muschi. „Mmmm", grunze ich manchmal auf. Ich spüre mein Lächeln und öffne meine schwer gewordenen Lider ein wenig, um zu Herrn Schatz hinüber zu äugen, der sich offensichtlich in einer ähnlich wohligen, zur Wolllust ansteigenden Erregtheit befindet. Keinen Meter von mir entfernt, nah und doch weit weg. Vorsichtig ertaste ich seine Hand, umschließe sie, drücke sie innig und tauche wieder ein in das Gefühl der absoluten Hingabe.

Ellas leise Worte erreichen mich nur langsam. Ich solle mich auf den Rücken legen, raunt sie. Mit langsamen Bewegungen beginnt sie, meinen Bauch zu streicheln, bevor ihre Hände nach oben wandern, ihre Fingerspitzen zärtliche Kreise um meine Brüste ziehen, die sich langsam zu meinen Knospen hin verjüngen. Ich stöhne auf. Bittend nach mehr strecke ich meine Brüste mit den hart gewordenen Brustwarzen Ellas Händen entgegen. Sie wollen noch mehr kosten von der süßen Qual, als ihre feinen Finger die Knospen drücken und ziehen und zwirbeln. Das Blut scheint in meinem Schoß zu wallen. Ich fühle die prall und praller werdenden Yoni-Lippen fast schmerzhaft zwischen meinen leicht geöffneten Beinen. Behutsam krabbelt Ella um mich herum und nimmt jetzt vor mir Platz. Sie hebt sanft meine Beine hoch, setzt sich dazwischen, Schoß an Schoß mit mir, und legt meine Beine rechts und links neben sich.

Ich atme tief ein. Weil ich spüre, welch ein Genuss mich jetzt erwartet. Ein wohliger Schauer schüttelt mich unmerklich, Gänsehaut überzieht mich bis in die Fußspitzen. Ella streichelt meinen Schoß, meine Schamlippen, den Damm. Vorsichtig führt sie einen Finger in die wartende Yoni ein. Oder sind es zwei oder gar drei? Nicht tief, eher vorn im erwartungsvoll engen Eingang meiner Muschi verharren ihre Finger, um danach sorgfältig auf Position zu gehen. Leicht und rhythmisch, sanft, nicht schnell, bewegen sich die Finger der Masseurin in mir. Es ist, als sei ich auf den Kopf gestellt, als könne ich Himmel und Erde nicht mehr unterscheiden. Ein Kribbeln breitet sich in meinem Körper aus. Meine Haut, eine einzige erogene Zone. Zehntausend einzeln gespürte Poren pro Quadratzentimeter sind bereit – wofür auch immer. Mein Atem beschleunigt sich. Meine Finger kribbeln, die Zehen auch. Es fühlt sich an, als würde das Blut aus allen Körperteilen her strömen, um sich in meinem Schoß zu sammeln, an der Stelle, die meinetwegen gern Yoni heißen darf. Ich werde größer, kleiner, lauter, enger und endlich, endlich explodiere ich und zucke und stöhne und werde tief atmend in ungeahnte Sphären geschleudert.

Herr Schatz: ... dann stehen wir frisch geduscht und in Kimonos gehüllt auf den Matratzen voreinander. Warten auf unsere Hinführung zu tantrischen Gipfeln. Die Musik ist jetzt anders. Beruhigende, fast nymphenhafte Gesänge. Ella und Dhyan kommen zurück. Haben sich umgezogen. Lunghis, indische Tücher also, bedecken ihre Körper. Sie bitten Frau Liebling und mich, dicht voreinander zu stehen. „Wir möchten euch einladen, zu einer sinnlichen Reise zu euch selbst", sagt Ella, und es klingt ziemlich feierlich. Frau Liebling und ich stehen da und schauen einander an. Ich sehe Tränen. „Wir möchten euch einladen, mit uns zu atmen", flüstert Dhyan und stellt sich dicht an meinen Rücken. Leise atmet sie ein und tief und geräuschvoll wieder aus. Ich nehme ihren Rhythmus auf und schließe meine Augen.

Dhyan betastet meine Arme, meine Schultern, meinen Kopf. Ich sehe nicht, aber ich spüre, wie sie und Ella nach einer Weile um Frau Liebling und mich herum streichen. Dhyans Fingerspitzen gleiten über meinen Nacken, Rücken, Po und Beine. Plötzlich spüre ich Hände auf meinen Füßen. Ich blinzle und sehe, wie Dhyan vor mir kniet und mich festhält. Als ob ich meinen Halt verlieren könnte.

Irgendwann steht sie wieder hinter mir. Ich höre ihren Atem – und ein Rascheln, als ihr Lunghi zu Boden fällt. Mit behutsamen Griffen öffnet sie den Knoten meines Kimonos und zieht ihn mir vorsichtig aus. Wir sind nackt. Alle vier. Von hinten schmiegt sich die Tantra-Masseurin an mich, nimmt mich in ihre Arme und zieht mich behutsam an sich. Ich beginne zu schweben. Mit geschlossenen Augen fühle ich viel und denke wenig. Ich darf mich mit dem Bauch auf die Matratze legen. Ich liege einfach nur da, atme leise durch die Nase ein und laut und tief durch den Mund wieder aus und genieße.

Dhyan bedeckt mich mit einem seidigen Tuch und zieht es vorsichtig über meinen Körper. Erst kitzelt es nur, später ist es einfach nur schön. Nach einer Weile tauscht sie das Tuch gegen eine Feder. Dhyan atmet langsam aus.

Während ich mit einem langgeseufzten „Pfffffaaaaa!" ausatme, tropft warmes Öl auf mich herab. Mit fließenden Bewegungen arbeitet sich Dhyan vom Kopf über den Rücken bis zu den Füßen hin – und wieder hinauf, bis sie ölglatt mit ihrem ganzen zarten Gewicht auf mir liegt. Ein berauschendes Gefühl. Das Eigenartige aber ist, dass ich in keinem Moment den Eindruck habe, etwas Unanständiges zu tun.

Ja, tatsächlich scheint alles vollkommen normal, vertraut und natürlich. Die Nacktheit, aber auch die fremde Intimität. Dhyan lädt mich wieder mal ein. Ich darf mich umdrehen. Was ich tue, wie in Trance. Alles, was geschehen ist, scheint nur ein langes Vorspiel zu sein, für die Lingam-Massage. Alles, was meine Körpertempeldienerin macht, fühlt sich paradiesisch an. Ich spüre eine Hand, die nach mir tastet, und drehe meinen Kopf zur Seite. Meine Augen öffnen sich nur widerwillig, aber dann sehe ich Frau Liebling. Meine Frau Liebling. Völlig entspannt liegt sie da, zerflossen unter Berührungen. Was für ein schöner, was für ein merkwürdig eifersuchtsfreier Anblick.

Sanft und mit geölten Händen nähert sich die Masseurin meinem Schwanz, während Frau Liebling neben mir seufzt. Ob es an dem immergleichen Atemrhythmus liegt, dass ich das Gefühl habe, dass Sauerstoff spiralförmig durch meinen Unterleib fließt? Es ist ein einziges Kribbeln, das ganz große Tremolo, ein Keuchen und Japsen nach innerer Luft, ein Aufbäumen gegen nichts.

Ein tief empfundenes Glück. Und Ella und Dhyan spüren das. Leise, ganz leise, greifen sie nach ihren Lunghis und lassen Frau Liebling und mich zusammen allein. Wir robben zueinander, liegen umarmt, entspannt, geborgen und müde. Und mit dem Gefühl, beschenkt worden zu sein, wirklich reich beschenkt.

Tipps aus der Liebling- und Schatzkiste

Bei der Tantra-Massage geht es nicht um körperliche Vereinigung, Leistungsschau oder Performance. Es geht um das Berühren, Spüren und Empfangen. Nehmen, nicht geben. Was ja ungewöhnlich genug ist, heutzutage, und gerade deswegen so reizvoll. Ja, für eine Frau ist es eine große Herausforderung, sich von fremden Händen intim berühren zu lassen (vielleicht sogar von Frauenhänden – aber vielleicht ist sie auch gar nicht so groß wie die des Mannes, bei der Vorstellung, sich von einem anderen Mann massieren zu lassen). Es geht also um Scham und um unsere ganz natürlichen oder anerzogenen Grenzen. Und doch gibt es, glauben wir, kaum ein Abenteuer, das einem Paar so leicht fallen wird. Weil es klare Regeln gibt. Weil es einen konkreten Zeitrahmen gibt. Weil man sich wirklich fallen lassen kann, zusammen – oder jeder für sich. Und weil es eine Dienstleistung ist, für die man bezahlt. Paaren, die sich trotzdem unsicher sind, ob es das ist, was sie wollen, bieten viele Studios Schnupper- oder Verwöhnabende. Außerdem gibt es eine Reihe wirklich anschaulicher und nachvollziehbarer DVDs (Hinweise siehe Anhang, Seite 221).

Stunden im Stundenhotel

Oft fängt Erotik mit Zeichen an, mit klitzekleinen Zeichen. Ein plötzlicher Blick zwischendurch, die Spur eines Duftes, das erschöpfte Stöhnen beim gemeinsamen Joggen, das plötzlich irgendwie nach Bett klingt. Oder die flüchtige Berührung, auch dann, wenn sie aufregt. Und manchmal gerade dann, wenn sie einfach nur plump scheint. Wie beim abendlichen Zähneputzen, wenn sich Herr Schatz am Waschbecken hinter Frau Liebling stellt, um seinen Unterleib gegen ihren Po zu pressen und sich in simulierten Stößen bewegt, obwohl doch gerade überhaupt keine Stoßzeit ist.

Zeichen sind Aufforderungen, gewollte und ungewollte, verstandene und nicht verstandene. Und manchmal sind es auch einfach nur Buchstaben: „Um zu bekommen, was du verdienst, brauchst du heute Abend ein Auto", schreibt Herr Schatz am Nachmittag per SMS an Frau Liebling, die mit einem lakonischen, fast lustlosen „Ach, echt?!!" antwortet.

„Ja, echt. Weil du da kommst, wo ich schon sein werde."

„Fehlt da nicht ein ‚hin', irgendwie?"

„Du fehlst mir, auch ohne ‚hin'."

„Schleimer!"

„Wie wär's mit: Flutscher, Gleiter, Schlecker?"

Heute ist Liebling-und-Schatz-Tag, oder besser Liebling-und-Schatz-Abend, so wie jeden Monat einmal. Diese monatlichen Abende sind den beiden heilig und sie bereiten sie abwechselnd vor, meist schon vorher mit aufregenden Zeichen. Zeichen, die eine Überraschung verheißen.

„Wann soll ich denn wo kommen? Deine Mutter kann nicht vor acht Uhr da sein. Friseur und Föhnwelle gehen vor. Und Junior bockt, wenn sie vorliest. Das muss ich tun."

„Ich weiß, Frau Liebling. Um halb neun sitzt du aber dann im Auto. Mein Wunschkonzert: enger Rock, Perlenstring,

High Heels, venezianische Maske. Während der Fahrt gibt's weitere Anweisungen."

„Ja, mein Entführer, jawoll, mein Verführer! Sonst noch Wünsche: Liebeskugeln im Mund? Oder soll ich den Schaltknüppel noch schnell durch einen Dildo ersetzen?"

Echt, immer dasselbe mit dem Typen, dachte Frau Liebling. Was ihm immer so einfällt?! Und was antwortet der: „Bis heute Abend. Ich freue mich auf dich."

Herrn Schatz merkt, dass es manchmal richtig Spaß machen kann, zu befehlen, Kommandos zu geben. Gerade weil es die Ausnahme und weil es ein kostbares Gefühl ist, wenn sich jemand ausliefert. Noch dazu aus Liebe. Eigenartig ist es trotzdem, weil ein Oberkommando nicht nur verlangt, dass man weiß, was man tut, sondern auch, was der oder die zu Kommandierende tun soll. Die wichtigste Regel für ihren Abend lautet: Der, der arrangiert, bestimmt. Ohne Widerrede. Das ist Teil des Spiels.

Nur: Vor dem Spiel ist mitten im Chaos. Frau Lieblings Lieblingsschwiegermutter – ausnahmsweise verfügbar und nicht gerade auf einer Busshoppingtour unterwegs – findet wieder mal keinen Parkplatz und kommt noch später als gedacht. Die als Abendessen vorbereiteten Kartoffeln verkokeln im Ofen, weil die viel zu früh pubertierende Tochter plötzlich am Schreibtisch über einer Englisch-Hausaufgabe in Verzweiflungstränen ausbricht – und die Wohnung, nun ja, sie war auch schon mal aufgeräumter.

Mal ganz abgesehen vom Lehrstück in perfekter Tarnung, das Frau Liebling aufführt, um zu tragen, was Herr Schatz ihr aufgetragen hat, ohne dass die Kinder und die frisch gewellte Schwiegermama es merken. Immer wieder nestelt sie an ihrem Rock herum, als könne man darunter schauen.

Es ist spät, als Frau Liebling endlich wegkommt und mit einigem Herzklopfen im Auto sitzt. Dunkel ist es sowieso, die Straße glänzt schwarz im funzeligen Licht der Laternen. Frau Liebling ist also Wunschkonzert, bis auf eine kleine Ausnahme. Sie trägt artige Stiefeletten, keine High Heels. Weil sie mit hohen Hacken einfach nicht fahren kann. Die Tasche mit den Stilettos liegt im Fußraum. Die Perlenkette kitzelt etwas zwischen den Schamlippen. Es geht stadteinwärts.

Plötzlich leuchtet das Display ihres Handys auf, das in einem Fach hinter dem natürlich unveränderten Schaltknüppel steckt. Eine Schatz-SMS. „Maupassant, Düsseldorfer Straße 456", schreibt er – mehr nicht. Sie schaltet ihr Navi an. Nun denn, gute Fahrt.

Da hinten ist es. „Stundenhotel" steht in großen Lettern auf der weißen Mauer, und drüber das Schild: „Maupassant". Frau Liebling biegt langsam in die Hofeinfahrt ein und parkt den Wagen so weit hinten wie möglich. Sie ist tatsächlich aufgeregt. Was hat Herr Schatz mit ihr vor? Warum ein Stundenhotel?

Eigentlich ist es ein Bordell, nebenbei aber vermietet es Zimmer. Stundenweise eben. Sie sind gepflegt, diskret, und einige von ihnen haben sogar einen kleinen Whirlpool.

Frau Liebling wechselt das Schuhwerk, zieht mit Blick in den Rückspiegel den Lippenstift nach und steigt aus. Sie geht in versuchsweise sicherem Schritt zum Eingang, drückt den Klingelknopf links oben am Türstock und wartet. „Jaaaaa?", knarzt es durch die Sprechanlage. „Hallo, ich habe in einem Ihrer Zimmer eine Verabredung, gebucht auf Schatz", antwortet Frau Liebling. Nach einer Weile öffnet sich die verspiegelte Tür. Ein graumelierter Mann im Anzug führt ins Zwielicht. „Zimmer 3. Da hinten. Zweimal klopfen und vorher die Maske hier aufsetzen, soll ich ausrichten", sagt er knapp, aber freundlich und reicht ihr eine Maske.

Der Eingang ist wie der eines ganz normalen kleinen Hotels mit Rezeption. Nur irgendwie alles in rotem Samt und rotem

Leder. Es riecht gar nicht so verführerisch süß, wie Frau Liebling es sich vorgestellt hat. Etwas umständlich setzt sie sich die kleine Maske auf, die sie an den Film „Eyes Wide Shut" erinnert, und geht zur Tür mit der Nummer 3. Ihr Herz pocht, als sie wie befohlen zweimal gegen die schwere Holztür klopft. Zaghaft öffnet sie die Tür und betritt einen schummrigen Raum, in dem leise Musik rauscht. Es ist angenehm warm in diesem Lustzimmer. Auf dem Bett unter einem Satin-Laken liegt – Herr Schatz. Seine Beine leicht angewinkelt, stützt er sich auf beide Ellenbogen auf. Er scheint bereits nackt zu sein und trägt ebenfalls eine Maske. Im Whirlpool gegenüber vom Bett schäumt es. Auf dem Beckenrand liegen sorgfältig gefaltet rote Handtücher.

Plötzlich wirft Herr Schatz Frau Liebling eine Federboa zu, schwarz.

„Willkommen, Fremde", raunt er. „Irgendwie fehlt die dir noch."

„Wie du möchtest", flötet Frau Liebling. Sie wirft sich den Federschmuck kokett um den Hals, dann öffnet sie langsam, ganz langsam Mantel und Rock, bis beides zu Boden fällt. Und dann steht sie da, bewegungslos, wartend. An den Füßen Stilettos, auf der Hüfte einen atemberaubenden Slip, der an der Vorderseite als glänzende Perlenkette zwischen ihren Beinen verschwindet.

„Bedien dich!", sagt er und deutet auf einen kleinen Tisch, auf dem eine Flasche Champagner und ein Glas steht. Das andere hält er, wie sie erst jetzt sieht, halb voll in seiner linken Hand. Elegant, als hätte sie nie etwas anderes getan, als ihrem „Meister" zu gehorchen, schenkt sie sich ein. Die beiden prosten sich zu, wie Fremde fast.

„Leg dich aufs Bett", sagt Herr Schatz, und er klingt nicht, als dulde er Widerrede. „Auf den Rücken." Frau Liebling spürt einen kleinen Widerwillen in sich, beschließt aber, sich in die verabredete Rolle zu fügen und zu gehorchen. Kaum, dass sie liegt, steht er auf – kurz gebremst durch einen leidenschaftlichen Kuss.

Herr Schatz zieht Hand- und Fußfesseln aus einer versteckten Tasche, nimmt Frau Liebling das Glas aus der Hand und fixiert sie damit an den Bettpfosten des Himmelbetts. Frau Liebling schnappt nach Luft. Oh Gott, schießt es ihr durch den Kopf, ich kann mich tatsächlich kaum bewegen. Für einen kurzen Moment wird ihr mulmig zumute. Aber gleichzeitig steigt Neugier in ihr auf, was Herr Schatz wohl mit ihr vorhaben wird – und Erregung.

„Bist du bereit?", fragt er sie.

„Ja", flüstert sie etwas zittrig.

Vorsichtig zieht Herr Schatz die Federboa von ihrem Hals und lässt sie über den Körper seiner Frau tänzeln. Vom Gesicht über den Busen, den Bauch und die Beine bis zu den Füßen und hinauf. Wieder und wieder und wieder. Frau Liebling beginnt zu schnurren, ihr Körper versucht sich mal zur Boa hinzustrecken, dann wieder ihr auszuweichen. Ab und zu stellen sich die feinen Härchen auf ihrer Haut auf.

Irgendwann ersetzen seine Hände die Federboa. Mit den Fingerspitzen berührt er Frau Lieblings Arme, streicht über ihre Schultern, ihren Hals, umkreist langsam ihre zarten, spitzen Brustwarzen und gleitet über den Bauch zu ihrem Paradies hinab. Seine langsamen Bewegungen verändern sich, mal sanfter, mal etwas fester. Noch erstrecken sich die Streich-Einheiten von Herrn Schatz über ganze Körperflächen. Schließlich werden seine Kreise kleiner und enger, zupft er an ihren Nippeln, klopft er auf ihre Lustspalte, lässt seine Finger kurz in die Pforte ihres Freudentempels gleiten, was sie lustvoll aufseufzen lässt. Ihr Atem wird schneller und tiefer, die Bewegungen ihres Brustkorbs zeigen ihre zunehmende Erregung. Sie ist feucht und bereit.

Und ausgerechnet jetzt macht er eine Pause. Füllt erst das Glas, dann seinen Mund abermals mit dem eiskalten Champagner, beugt sich über ihr Gesicht und flößt ihr den perlenden Wein von Mund zu Mund ein, den sie gierig schluckt.

Nun nimmt er eine kleine Lederpeitsche, die an der Spitze in einem fünf Zentimeter langen Paddel endet, und huscht damit sanft über ihren Körper. Frau Liebling erschrickt, als sie sie wahrnimmt. „Die?", bringt sie überrascht hervor.

„Ja, aber ich werde dir damit nicht wehtun", verspricht Herr Schatz.

Breitbeinig stellt er sich über sie. Martialisch sieht er aus, findet Frau Liebling, mit seiner Maske, seiner Gerte und seinem Steifen, der von ihm absteht wie eine Trophäe. Und trotzdem spürt sie einen erregten Schauer durch sich hindurch strömen. Ihre Sinne sind ganz wach und erwarten die neuartige Berührung.

Herr Schatz lässt sich Zeit, viel Zeit. Er tätschelt ihr mit der kleinen Peitsche den Busen, die Nippel, mal etwas stärker, mal hauchzart, und wandert hinunter zu ihrer Lustgrotte. Langsam, rhythmisch schlägt er mit dem Paddel auf die vor Begierde anschwellenden Lustlippen und ihre Feigenperle. Ihr Atem wird heftiger, die Wonne ist ihr anzusehen. Wie er es genießt, seine Frau so wehrlos und doch ganz bei sich zu sehen. Seine Sinne sind ganz auf sie gerichtet, er nimmt jede ihrer Bewegungen wahr, ihre Laute, die Genuss und Lust verraten. Eine Lust, die auch Herr Schatz verspürt, die seinen Schwanz pulsieren lässt. Aufregend, dieses Spüren, diese Blicke durch golden und silbern glänzende Masken… Ihre Hüften beginnen zu kreisen, soweit es die Fesseln an ihren Armen und Beinen erlauben, ihr Becken hebt sich ihm entgegen.

Ja, er möchte sie ficken. Unbedingt. Jetzt. Die Spannung zwischen ihnen scheint unerträglich. Aber er beherrscht sich. Soll sie sich noch ein bisschen unter ihm winden, findet er.

„Jetzt bist du dran", flüstert Herr Schatz seiner Liebsten zweideutig zu.

„Oh", entschlüpft es ihr.

Er spürt, wie sie leicht zusammenzuckt. Das gefällt ihm. Er legt sich zwischen ihre Beine, die Liebesgrotte strahlt ihm entgegen. Sanft streicht er mit dem Handballen und den Fingerkuppen über ihren Unterbauch, wandert über ihre zuckenden Lenden und die Innenseiten der Oberschenkel zu ihrem Venushügel und dann die Perlenkette entlang zu der glatt rasierten, leicht geöffneten Orchidee. Er schiebt seine Maske weg von den Augen, auf die Stirn hinauf und nähert sich mit seinem Mund und seiner Zunge der feucht glänzenden Öffnung. Frau Liebling stöhnt auf. Sie möchte mehr, möchte ihn spüren, ihn haben, von ihm gefickt werden. Aber er lässt sich Zeit. Viel Zeit. Seine Zunge gleitet erst über die eine, dann über die andere Seite der Lustlippen, flattert kurz über die Perlenkette und die angeschwollene Knospe und beginnt endlich, fester und fester zu kreisen, zu lecken, zu schlecken, zu schmatzen. Sie windet sich unter ihm, bereit zur Explosion. Es fehlt nicht viel und sie würde mit einem großartigen, stockenden „A A A Ah Aaaaaaaah!" kommen. Das spürt er.

Plötzlich hält er inne und setzt sich auf. Das irritiert sie. Sein Schwanz ist so prall und fest. Er sucht ihre Öffnung, schiebt die Perlenkette zur Seite und versenkt sich mit einem lustvollen Seufzer in ihr. Ein neuer Rhythmus beginnt. Gieriger, härter, verlangender. Zwei Leiber in Glut. Zwei Leiber, lichterloh.

Ihr Atem rast, sie explodiert laut und wild. So wie, Momente später, über ihr Herr Schatz.

Erschöpft lässt er sich auf sie fallen.

„Wo sind wir hier eigentlich, du Ferkel?", fragt sie nach einer Weile heiser. „Das ist jetzt nicht wirklich ein Puff, oder?"

Vorsichtig zieht sich Herr Schatz zurück und betrachtet ihren erhitzten Leib, ihr warmes, weiches, goldenes Nest.

„Hm", sagt er unbestimmt. Nimmt noch einen Schluck köstlichen Champagner und gibt auch ihr wieder vom prickelnden Nass etwas ab. Mund zu Mund.

„Es geht noch weiter, Frau Schatz. Bist du bereit?"

„Oh!", stößt sie hervor. Ob erstaunt, ängstlich oder erfreut vermag Herr Schatz in diesem Moment nicht zu erkennen. Dann greift er unter das Kopfkissen und zieht einen purpurfarbenen Vibrator hervor. Drei Knöpfe hat er, zwei silberne mit einem Plus- und einem Minus-Zeichen und einen leuchtenden, auf dem passenderweise „Fun" steht. Und den drückt er kurz, während er den Stab in ihre köstliche Fuge führt. Frau Liebling juchzt auf, weil dieses Spielzeug so völlig anders ist, als die, die sie kennt. Es vibriert nicht, es stößt! Vor und zurück, in immer neuen Varianten. Unglaublich! Intensiv und irre echt. Ihr ganzer gefesselter Körper beginnt zu zittern, vor Lust. Was für ein Bild – für ihn. Was für ein Taumel – für sie! Mit schnellen, kräftigen Stößen bewegt sich der Gummikerl in Frau Liebling, die sich ihm entgegenstemmt, um ihn noch tiefer aufzunehmen. Ihr vergehen fast die Sinne, so berauscht ist sie von der Allgegenwart der Lust. Und sie kommt. Heftig. Wundervoll. Schreiend. Stöhnend.

Minuten vergehen, Atemzüge werden langsamer, plötzlich ein kleines Kichern, ein befriedigtes Seufzen. „Danke, mein Gebieter", sagt Frau Liebling, deren Maske nun reichlich schief über dem Gesicht hängt. Zärtlich nimmt er ihr sie ab und befreit sie von den Fesseln. Sie rollt sich zusammen wie ein Kätzchen und kuschelt sich an Herrn Schatz.

„Ich weiß nicht, wo du diesen Teufelskerl herhast, aber der ist der Wahnsinn."

„Schenke ich dir", antwortet er müde und erhitzt.

Frau Liebling schielt hinüber zum Whirlpool. Der Schaum ist nicht mehr so üppig wie am Anfang. Aber er sieht noch immer himmlisch einladend aus.

„Mein Meister", sagt sie belustigt devot, „darf ich Sie zum Whirlpool geleiten?"

„Nur zu, Sklavin", antwortet Herr Schatz mit vorgegebener Strenge.

Frau Liebling springt auf, läuft grazil auf Zehenspitzen zum Pool, prüft die Temperatur mit der Hand und lässt noch etwas warmes Wasser einlaufen. Dann stolziert sie zurück zum Bett, hält Herrn Schatz auffordernd die Hand hin und geleitet ihn zum Pool. Schnell füllt sie Gläser mit dem letzten, nun schon weniger kühlen Champagner auf, gibt ihm sein Glas und gleitet ihm gegenüber ins warme Wasser. Schweigend und entspannt genießen sie das sprudelnde Bad. Nach einer Weile tastet sich ihr Fuß rüber zu Herrn Schatz und drückt sich vorsichtig zwischen seine Beine. Ihre Zehen versuchen, seine Eier zu kraulen.

„Danke für den wunderschönen Abend, mein Meister und Schatz. Ich freue mich schon auf den nächsten Abend, den ich gestalten darf", sagt sie und grinst spitzbübisch: „Ich habe da nämlich schon so eine Idee..."

Tipps aus der Liebling- und Schatzkiste

- **Verruchter Ausflug aus dem Alltag**

In Japan heißen sie „Love Hotels", in Argentinien „Telo", in Brasilien „Motels". In vielen Ländern sind Stundenhotels ein Teil der Alltagskultur, nur in Deutschland haben sie etwas ziemlich Verruchtes und Verwegenes. Dabei sind sie doch genau das Richtige für den kleinen Heißhunger – oder für einen Tapetenwechsel. Übrigens auch in der Mittagspause. Weil man in all den Liebeszimmern, Herzchen-Wannen und Blubber-Pools Sachen machen kann, die sonst nur Fantasie bleiben.

Was übrigens beileibe nicht nur in diesen herrlich verruchten Etablissement-Häusern geht, sondern auch anderswo. Die meisten etablierten Hotelketten bieten nämlich ihre Zimmer ganz diskret stundenweise an, was freilich nicht ganz billig ist. Aber es gibt auch Alternativen: Traumhafte Suiten zum Beispiel, die auch für längere Liebestrips vermietet werden. Oder – auch in etlichen Urlaubsregionen – auf Paare spezialisierte Adult-Only- oder Kuschel-Hotels (einige Links dazu finden Sie im Anhang, ab Seite 221).

Die Nacht der Masken

Es ist nicht normal, als Eltern an einem Samstagabend mit einem unbekannten Paar im Taxi zu sitzen, auf dem Weg zu einem geheimnisvollen Schloss. Noch dazu, wenn im Fernsehen eigentlich „Wetten, dass…?" läuft, der Taxifahrer im Dunkeln krampfhaft versucht, Sehenswertes der Gegend zu erklären, und der weibliche Part des unbekannten Paares dem männlichen während der Fahrt eine glitzernde venezianische Maske vor die Augen bindet und man selbst in Barock-Robe nervös aus dem Fenster in die Dunkelheit starrt.

Aber was heißt schon „normal", wenn man für eine Party, deren Eintritt pro Person 250 Euro kostet, vorab sogar eine Verschwiegenheitserklärung zu unterzeichnen hat und Fotografieren auf das Strengste verboten ist – und man nicht die geringste Ahnung hat, dass das unbekannte Paar aus dem Taxi nur wenige Stunden später in einem festlich geschmückten Saal dabei zuschauen wird, wie Herr Schatz Frau Liebling auf einem Gynäkologenstuhl in höchster Erregung bumst, um anschließend selbst Platz zu nehmen auf diesem herrlich heißen Stuhl.

Die Vorbereitung für das Anormale beginnt schon Wochen zuvor, und sie beginnt mit einem diskreten Brief der Partymacher, dem auch die Eintrittskarten beiliegen: „Wir bitten ausdrücklich um dem Ambiente angemessene Kleidung, also stilvolle Abendgarderobe, historische Kostüme, Uniformen oder fantasievolle Fetischkleidung", heißt es darin unter anderem. Von der „Nacht der Masken" hatte Frau Liebling irgendwann mal zufällig in einer Frauenzeitschrift gelesen, auch davon, dass es angeblich die exklusivste Erotikparty der Welt sei und dass es dort zugehen solle wie in Stanley Kubricks Film „Eyes Wide Shut".

Immer wieder mal hatte sie daran gedacht, und manchmal war diese verheißungsvolle Luxusorgie Teil ihrer Gedankenspiele, wenn sie sich in einem entspannten Moment auf dem Sofa oder in der Badewanne selbst verwöhnte. Und eines Abends erzählte sie Herrn Schatz einfach davon, eher beiläufig, zwischen „Tatort" und Zähneputzen.

Noch im Bett schauten sich die beiden die opulente Internetseite der Maskennacht an und fingen sofort Feuer. Zusammen fantasierten sie, wie er denn so wäre, dieser maskierte Rausch, sie sprachen darüber, ob sie sich auch Sex mit anderen Paaren vorstellen könnten – was sie eher verneinten, aber sich für den konkreten Fall offen halten wollten – und sie ersannen sich neue Identitäten – als Doña Isabela und Don Carlos von Aragon. Drei Tage später buchten sie einfach so – und bekamen zwei Karten. Als eines von 50 Paaren. Man sei eingeladen auf einen runden Geburtstag von jemandem, der ein Kostümfest veranstalte, war die magere Erklärung an die Familie, als die Tochter freudig in die Kostümierung steigt und sich fotografieren lässt.

Und nun sitzen sie an einem tristen Novemberabend in diesem Taxi, eine im Stillen herzrasende Frau Liebling – alias Doña Isabela von Aragon – in einem prachtvollen weiß-goldenen Barockkleid samt Reifrock, das sie bei Ebay ersteigert hat. Auf ihrem Kopf eine hochherrschaftlich getürmte Perücke, vor ihren Augen eine in Handarbeit gefertigte venezianische Maske. Neben ihr sitzend Herr Schatz, auch Don Carlos von Aragon genannt, der sich vor Aufregung wiederholt räuspert. Unter einem mit einer aufwändigen Bordüre versehenen Cape trägt er einen langen schwarzen Rock und das Hemd eines Höfischen. Seinen Kopf ziert weißes Haar mit einem langen Zopf. Das Räuspern versteckt er hinter einer silberfarbenen Maske, die bis zu seinem Mund reicht. Sie halten im Dunkeln Händchen, die Handflächen sind kalt, aber verschwitzt.

„Ist sich mein Gemahl sicher, das Richtige zu tun?", flüstert sie ihm fragend ins Ohr.

„Oh nein, Gnädigste, ganz und gar nicht", presst er leise hervor. Sein Lächeln hat er offenbar verkauft, es fehlt … und ihres auch.

Die Fahrt, sie dauert das Vielfache einer Ewigkeit, und dennoch halten sie plötzlich an.

„So, die Herrschaften, Endstation, alles aussteigen", tönt der Taxifahrer betont lässig. Vor dem Tor des imposanten Lustschlosses steigen die vier aus. Vorbei an Dutzenden von Fackeln schreiten sie auf einen livrierten Wächter zu, der stumm die Richtung weist, vorbei an einem hell erleuchteten Nebengebäude zum Haupteingang des Schlosses, vor dem abermals Wächter stehen. Die Tür öffnet sich zu einer großzügigen Eingangshalle, in der bereits Dutzende von illuster gekleideten Gästen warten.

„Wow, die sehen ja alle aus!", wispert Herr Schatz seiner Frau Liebling zu, und beide wissen gar nicht, wohin sie ihre Blicke zuerst wenden sollen. Zu der Frau in einem eng geschnürten Kleid, das ihre kleinen, steifen Brüste entblößt? Zu dem grauhaarigen Mann, der einen Metallring um seinen Hals trägt und von seiner Begleiterin an einer Kette geführt wird? Zu dem hochgewachsenen Wesen in leuchtend rotem Latex, bei dem auch auf den zweiten oder dritten Blick nicht klar ist, ob es nun ein Mann ist oder eine Frau? Oder doch zu dem Quartett, das dem Film „Gefährliche Liebschaften" entsprungen zu sein scheint und bei einem Glas Schaumwein entspannt in Französisch parliert.

Nach einem kleinen Rundlauf zum Tisch für die Anmeldung und zur Garderobe halten sich Frau Liebling und Herr Schatz ebenfalls an zwei Sektgläsern fest. Schweigend. Schauend.

„Ich habe ja immer davon geträumt, solch ein Kleid zu tragen, aber mich überfordert das gerade total", sagt sie durch die Maske zu ihrem Ehemann.

„Und ich hab höllische Kopfschmerzen", antwortet der, während sich ihm ein Mann im Smoking nähert und mit einer förmlichen Verbeugung meint: „Darf ich Ihnen ein Kompliment für Ihre liebreizende Begleitung machen. Sie ist wahrlich eine Augenweide, vielleicht sogar die schönste der ganzen Nacht."

Kaum ausgesprochen, ist der Gentleman auch schon wieder in der Menge verschwunden.

„Was wollte der denn?", fragt Frau Liebling.

„Dir ein Kompliment machen. Und was für eines. Eine Augenweide bist du, sagt er, angeblich sogar die schönste der Nacht. Wenn das kein Auftakt ist", raunt ihr Schatz mit einem Räuspern zurück. Seine Kopfschmerzen lassen unvermittelt nach. Und Frau Liebling strahlt geschmeichelt.

Nach dem Empfang und dem Begrüßungsgetränk in der Eingangshalle geht es über den ebenfalls von Fackeln gesäumten Hof zu einem „Kavaliershäuschen" genannten Nebengebäude. Das gedämpfte Licht, die klassische Musik im Hintergrund, die prächtigen Menschen und die livrierten Kellner versetzen Frau Liebling und Herrn Schatz tatsächlich in eine andere Zeit, in der fröhlich-frivole Feste rauschend rauschhaft gefeiert wurden. Sie entspannen sich, lachen und lassen sich von der erregenden Spannung im Raum anstecken. Trotzdem bleiben zumindest bei Frau Liebling und Herrn Schatz die Masken auch beim Essen vor den Augen. Was keineswegs einfach ist. Immer mehr finden sie in ihre selbst gewählten Rollen hinein, pflegen zu beiden Seiten des Tisches harmlose Konversation und unterhalten sich mit einem gegenübersitzenden Paar über ihre spanische Herkunft und die verwegene Anreise. Er ist offenbar ein gut situierter Bankier aus der Schweiz, seine Begleiterin, die ihn ausschließlich „Meister" nennt, trifft er anlässlich solcher Partys. Sagt er.

Und dann, nach einem viergängigen Menü – die Musik hat von Klassik zu Salonmusik gewechselt – und einem kleinen

Showspektakel zerstreuen sich die Paare nach und nach im Schloss. Über zwei Etagen verteilen sich raffiniert möblierte Zimmer mit Betten, Chaiselongues, Tischen und Stühlen und dazwischen, wie zufällig, mal ein Käfig, mal eine Streckbank, ein Andreaskreuz, ein Gynäkologenstuhl.

Frau Liebling und Herr Schatz ziehen neugierig durch die Gänge und Bars. Plötzlich stehen sie wieder vor dem Bankier und seiner Meisterschülerin. Er hat eine Gerte in der Hand und fragt mit samtener Stimme: „Gefällt es euch hier?"

„Sehr aufregend, das alles", gesteht Frau Lieblings Mund lächelnd.

„Gewiss, aber die Herrschaften haben noch nicht die aufregenden Finessen dieses Kleides bewundern können", sagt der Bankier und nickt seiner Gefährtin kurz zu. Mit geschmeidigen Handgriffen entfernt sie die Schalen des Bustiers und präsentiert freundlich lächelnd ihren blanken Busen.

„Sie hat durchaus noch mehr zu bieten", kündigt der „Meister" an. Gehorsam dreht sich seine Schülerin um und lässt sich von ihm den hinteren Teil des Rocks entfernen. Ihr nackter Po und ihre hübschen schlanken Beine sehen prachtvoll aus. Herr Schatz schluckt. So prachtvoll sehen sie aus, dass er sie am liebsten berühren möchte. Einfach nur berühren. Als der „Meister" ihr mit seiner Gerte einen Klaps zwischen die Beine gibt, durchfährt Frau Liebling völlig unverhofft ein lustvoller Schauer.

„Wenn es gefällt, ist sie gern zu euren Diensten", meint der Herr.

Überrascht sehen sich Frau Liebling und Herr Schatz an. Wie reagieren auf solch ein Angebot, in einem Moment, in dem ohnehin alles viel und neu ist?

„Wir danken Ihnen für die Ehre, aber meine Gemahlin und ich würden uns gern noch ein wenig orientieren", antwortet Herr Schatz und schiebt Frau Liebling sachte weiter. Hand in Hand flanieren die beiden in die obere Etage, vorbei an Zimmern, aus denen es bereits stöhnt und seufzt. Plötzlich ist überall viel Haut. Irgendwie hat auch Frau Liebling das Gefühl, dass sie zu viel anhat, jetzt. Ein bauschendes Barockkleid, das keine Einblicke gewährt.

„Sollten wir uns nicht auch unserer Überkleider entledigen, Frau Gemahlin?", fragt Herr Schatz.

Frau Liebling nickt, und kurz darauf setzen die beiden ihren Lustwandel leichter bekleidet fort. Ihr langes, grünes Samt-Cape umspielt ihren Körper, darunter trägt sie einen kessen BH, der nur die Unterseite ihrer Brüste stützt, ein feines Spitzenhöschen und hauchdünne, halterlose Strümpfe, während Herr Schatz den weiteren Abend mit Cape, einer engen, kurzen, schwarzen Hose und einem mit Gurten versehenen Oberteil im Gladiatoren-Stil bestreitet. In einem der Gemächer entdecken die beiden einen thronartigen Sessel, in den sich Frau Liebling in eine anmutige Pose fallen lässt.

„Der Herr, Sie dürfen jetzt ein wenig zur Entspannung Ihrer Gemahlin beitragen", säuselt Frau Liebling, rutscht ein wenig tiefer in das mächtige Möbelstück und legt ein Bein über die Armlehne.

„Ihr unwiderstehlicher Wunsch ist mir Befehl", antwortet Herr Schatz süffisant und lässt sich zwischen ihren Beinen auf die Knie sinken. Wie schön, sie in dieser aufregenden Umgebung wiederzusehen, diese drei gern bestaunten Leberflecke auf der Innenseite ihres linken Oberschenkels, die aussehen wie der Sternengürtel des Orion. Mit der Zungenspitze begrüßt er jeden einzelnen der Wohlbekannten und fährt dann mit der Zunge höher hinauf, bis zu der dunklen, lockenden Stelle, an der der Saum des Slips die Haut berührt. Langsam tastet er den Saum hinauf und hinab, bevor er seine Zunge auf den Stoff drückt, um durch das zarte Nichts hindurch die Pforte zu ihrem Lustschloss zu finden. Frau Liebling schnurrt.

„Weiter!", flüstert sie.

Er macht weiter. Vorsichtig zieht er mit zwei Fingern den Stoff des Slips beiseite, als wolle er durch einen Theatervorhang die Bühne erreichen. Dann macht er seine Zunge breit, so breit er kann, und legt sie auf ihren empfindsamen Venusmund. Da bleibt er, eine ganze Weile, verstärkt den Druck, lässt wieder nach und beginnt erst danach zu lecken, die köstlichen, kurvigen Schamlippen nachzuzeichnen. Wieder und wieder.

„Hm, Don Carlos, was für ein Pläsier", seufzt Frau Liebling hingebungsvoll. Ihre Fingerkuppen umspielen zärtlich ihre stehenden Knospen. Und dann rumst es. Ein Paar wirft sich auf das Bett nebenan. Hastig zerren sie sich die Wäsche von den wogenden Leibern und beginnen wie die Karnickel zu rammeln.

„Holla!", entfährt es Herrn Schatz, „die haben es aber eilig."

In der Tat: Nach zwei, drei Minuten ist die Rammelei beendet und die Erregung von Frau Liebling und Herrn Schatz flöten. Genauso hastig wie sie sich begatteten, ziehen sich die Wogenden wieder an und verschwinden. Frau Liebling und Herr Schatz bleiben prustend zurück.

„Ist Doña Isabela nicht auch der Meinung, dass wir jetzt weiterziehen sollten?"

„Ja. Ganz Ihrer Meinung."

In dem großen Saal mit der Bar und der sphärischen Musik nehmen sie einen Absinth und lassen sich auf einem Sofa nieder. Was sie sehen, ist berauschend, und es macht auch sie berauscht. Auf einem Tisch liegt die Schülerin des Meisters, gleichzeitig verwöhnt von acht Paar Händen, vielen Zungen und der Gerte ihres Herrn. An der Bar nimmt der Gentleman im Smoking eine Dame mit leicht verrutschter Perücke von hinten, deren Rokoko-Kostüm nur nach oben geschoben ist. Nur eine Armeslänge von Frau Liebling und Herrn Schatz entfernt keuchen zwei Freundinnen, von artistischen Fingern masturbiert, auf den Schößen zweier Männer ihren Höhepunkten entgegen. Auf einem Diwan windet sich eine Brünette in Krankenschwester-Uniform unter den Stößen eines Musketiers, während sie gierig den Schwanz eines Priesters lutscht.

„Wie im Film!" Frau Liebling kichert, doch gleichzeitig suchen ihre Finger ihre Nippel, die angesichts des erotischen Rausches hart hervorlugen. Ihre andere Hand tastet nach Herrn Schatz, fährt über den steifen Stoff und fühlt die harte Beule seines Gemächts. Sie spürt, dass sie feucht ist, Lust hat auf Verrücktes, Verruchtes. Auch ihn lässt das Küssen und Saugen und Stöhnen und Vögeln und Fummeln rundum nicht unberührt. Sein Ständer ist steinhart, sein Atem geht flacher, seine Augen schauen eindringlich aus der Maske. Plötzlich wechseln die Paare neben ihnen die Stellung. Beugen sich die befriedigten Damen über die Dolche des jeweils anderen Herren und beginnen diese heftig zu bearbeiten, während die Herren heftig stöhnend weiter mit virtuosen Fingern zwischen die Pobacken der Damen greifen. Herr Schatz steht auf und zieht Frau Liebling mit sich mit.

„Getraut sich die Dame?", fragt er und geleitet sie zu einem altmodischen Stuhl für Frauenärzte, der etwas abseits, aber keineswegs verborgen, im dämmrigen Saal steht.

Frau Liebling nickt. Ihre Kehle fühlt sich plötzlich trocken an. Im Vorbeigehen schnappt sie sich ein volles Sektglas vom Tablett eines Dieners und nimmt einen großen Schluck. Ein bisschen ängstlich ist sie jetzt doch, gleichzeitig übermannt sie ein großes Verlangen, hier und jetzt von ihrem Mann genommen zu werden, Teil zu werden der sie umgebenden Orgie. Mit großer Geste nimmt sie herrschaftlich auf dem Gyn-Stuhl Platz, das Cape weit unter sich ausgebreitet, und legt die Beine grazil über die Stützen. Ihr Höschen hat sie noch an und behält es auch an. Sie merkt, wie ihre Spalte sich öffnet, wie es pocht und prickelt. Herr Schatz stellt sich herrisch zwischen ihre Beine.

„Sie sind eine wahre Pracht, Gemahlin!" Seine Stimme ist tief und rau, seine Erregung riesig.

„Danke!", haucht sie zurück.

Seine Finger streicheln über den schwarzen, dünnen Stoff ihres Höschens. Es ist nass. Er will sie nicht lecken. Er will sie stoßen. Langsam zieht er den Reißverschluss seiner Hose auf. Sogleich springt sein harter, großer Knüppel heraus, die blanke Krone glitzert in Vorfreude. Vorsichtig schiebt er nun das Höschen beiseite. Ihre Spalte glänzt rot und feucht, die Orchideenblüten sind weit geöffnet. Mit einer Hand dirigiert er seinen Schwanz auf die einladende Öffnung zu. Schon ist die Spitze drin. Er umfasst ihre Hüfte und stößt einmal heftig zu.

„Ah!", entfährt es beiden. Ein Spritzer Sekt schwappt aus dem Kelch, den Frau Liebling noch immer mit einer Hand umklammert hält.

Ein Schauer durchfährt sie, das Kribbeln beginnt schon nach diesem einen Stoß. Oh, wie ist sie geil. Wie ist er geil. In dieser Umgebung, in dieser Kakophonie der Wolllust. Sie schließt die Augen. Alles dreht sich. Wo ist oben, wo ist unten? Diese Stöße, kurz und knapp und tief. Das Beben steigt in ihr auf, es beginnt in der Brust, es beginnt in den Beinen. Es führt in ihre Mitte, in ihr Zentrum. Eine Hand krallt sich in den Stuhl, die andere ins Glas. Sie kommt. Eine riesige Welle schwappt über sie hinweg, so riesig, dass sie nicht einmal ihr lautes, geiles Japsen hört. Was Herrn Schatz noch mehr anmacht. Er flutscht rein und raus. Spürt das Beben seiner Doña Isabela, spürt, dass sich seine Eier zusammenziehen. Fast geben seine Beine nach. Er zuckt, wirft seinen Kopf zurück und schreit ein tiefes „Aaaaaahhhhh" aus sich heraus. Dann sinkt er auf ihre Brust und beide hören – nichts. Sie sind erschöpft und fühlen sich kühn. Nach einer Weile hebt Herr Schatz den Kopf und Frau Liebling öffnet ihre Augen. Neben ihnen steht das unbekannte Paar aus dem Taxi.

„Der Stuhl scheint es in sich zu haben", meint der Herr grinsend. „Dürfen wir ihn auch ausprobieren?"

„Aber sicher, der Herr", gibt Herr Schatz zurück und fügt genüsslich hinzu: „Er ist wirklich äußerst empfehlenswert!"

Frau Liebling und Herr Schatz rücken ihre Kleidung zurecht, geben lächelnd den Stuhl frei und verlieren sich wieder in der pulsierenden Party.

Tipps aus der Liebling- und Schatzkiste

Abenteuer sind ein verführerischer Nektar: An ihm zu kosten ist Rausch und Gefahr zugleich, und sein Geschmack bleibt, gerade nach dem ersten Mal, für immer in Erinnerung. Weil sich alle Sinneseindrücke zu vervielfachen scheinen. All das setzt aber trotzdem voraus, dass man immer und in jedem Moment das tut, was beide wirklich wollen. Und Wollen heißt, sich bewusst zu sein, was man da überhaupt erlebt. Sich behutsam und einfühlsam ranzutasten, an diese rausch- und orgienhafte Stimmung, aber nichtsdestotrotz frei zu sein, von allzu überzogenen Erwartungen. Auch Taumel braucht Zeit.

- **Vorfreude genießen ...**

Besonders schön ist bei Veranstaltungen wie der „Nacht der Masken" auch schon die Zeit der Vorbereitung. Das Beschaffen der Kostüme, die gemeinsamen Gedanken und Ideen, in welche Rolle man schlüpfen möchte, überhaupt die ganze Aufregung. Deswegen ist es eigentlich viel zu schade, wenn manche Gäste ihre Masken schon während des Diners fallen lassen, über Urlaubsziele reden, über Beruf oder wahre Herkunft. Genießen Sie das Spiel mit der anderen Identität. Es lohnt sich!

- **... und gut vorbereitet sein**

Wichtig: Unliebsame Missverständnisse entstehen meist durch Nichtwissen. Also informieren Sie sich vorher genau darüber, was Sie erwartet, vielleicht auch durch Berichte anderer Partygäste

(Über die Nacht der Masken gibt es sogar ein ganzes Buch, siehe Anhang Seite 222).

Bei allen Abenteuern wie diesen gilt: miteinander reden, nicht überreden. Und überprüfen Sie ruhig, ob Sie beide mit diesen gelebten Fantasien überhaupt etwas anfangen können, zum Beispiel, in dem Sie sich den Film „Eyes Wide Shut" gemeinsam noch einmal ansehen. Spaß macht es nämlich nur, wenn es beiden Spaß macht. Und wenn beide sich darauf verlassen können, dass nur das geht, was sie vorher abgemacht haben.

Klick, klick, klick

„Ich glaube, hier liegt noch ein Geschenk für dich, Frau Liebling", sagte Herr Schatz und umarmte seine Frau sachte von hinten. Frau Liebling, die gerade die letzten Gläser ihrer Geburtstagsgäste in die Spülmaschine gestellt hatte, hielt inne und sah Herrn Schatz misstrauisch an. Sie kannte ihren Gatten nur zu gut, um zu wissen, dass sich hinter solch einer Ankündigung ein besonders schelmisches Geschenk verbergen musste. Was es wohl war? Etwa wieder eine kleine „Entführung" wie vor einigen Jahren, als er ihr Augen und Ohren verbunden und sie mit einem Ausflug in einem kleinen Propellerflugzeug überrascht hatte?

„Es ist alles gepackt", grinste er und zeigte auf einen kleinen Koffer unter dem Tisch.

„Morgen früh geht es los. Wir fliegen nach Frankfurt. Dort erwartet uns Corinna in ihrem Fotostudio – zu einem richtig frivolen Shooting…"

„Boah! Echt jetzt?" Frau Liebling war perplex.

„Total echt. Es ist alles geregelt. Die Kinder bleiben bei meiner Mutter, am Sonntagabend sind wir wieder zurück. Ganz so, als wäre nichts gewesen."

Herr Schatz strahlte, schenkte ihr noch ein Schlückchen Sekt ein und prostete ihr zu. Nach einer Schrecksekunde prostete Frau Liebling zurück.

„Puh, obwohl wir darüber ja mal gesprochen haben, bin ich jetzt schon ein bisschen überwältigt", sagte sie und fasste sich an die Wangen. Die waren tatsächlich plötzlich ein bisschen erhitzt.

„Und was ist da alles drin?", zeigte sie fragend auf den kleinen Trolley.

„Nur das Schönste und Lebensnotwendigste. Ein paar Dessous, ein bisschen Spielzeug, eine Federboa, deine geilen

High Heels …, ich denke, wir werden damit schon was richtig Nettes anfangen können."

„Na, da bin ich ja mal gespannt", lächelte jetzt auch Frau Liebling und verließ hüftenschwingend und das Schlenkern einer Federboa imitierend das Wohnzimmer. Herr Liebling sah ihr grinsend nach.

Frankfurt wurde von Schwüle schier erdrückt. Den entspannenden Aufenthalt im orientalischen Rasulbad des kleinen Hotels, bei dem sie sich ein bisschen auf ihr Abenteuer vorbereiten wollten, verkürzten die beiden Models in spe deshalb einfach. Dafür nahmen sie schon zum zweiten Mal an diesem Tag eine kühle Dusche. Frau Liebling rasierte sich gewissenhaft Achseln und Beine und ließ auf ihrem Venushügel nur ein kleines, wohlgetrimmtes Dreieck zurück. Immer wieder drehte und wendete sie sich vor dem Spiegel im Hotelbadezimmer, kniff sich in den vermeintlichen Bauch- und Hüftspeck oder zog ihren Busen nach oben. Herr Schatz beobachtete sie kopfschüttelnd vom Kingsize-Bett aus.

„Komm, Frau Liebling, du siehst wirklich fantastisch aus. Und vergiss bitte nicht, dass niemand außer uns beiden diese Fotos jemals sehen wird. Sie sind unser süßes Geheimnis."

„Ja, schon", brummelte sie. „Aber mit Mitte zwanzig hatte ich eindeutig einen schöneren und süßeren Körper für solche Geheimnisse."

„Ach, mit Mitte zwanzig warst du für meinen Geschmack viel zu mager. So wie jetzt gefällst du mir viel besser!"

„Danke, du alter Schleimer!", frotzelte sie zurück. „Aber müssen wir nicht langsam los? Wo sind wir überhaupt verabredet?"

Corinna, ihre Fotografin, wartete bereits in einem Café auf sie – irgendwo in Frankfurt an einer hässlichen, hektischen Kreuzung. Frau Liebling und Herr Schatz trafen auf eine recht korpulente Frau ganz in Schwarz, Ende 40 vielleicht, mit einem streng zurückgekämmten blonden Pferdeschwanz. In der einen Hand hielt sie einen großen Becher Eiskaffee mit viel Sahne, in der anderen eine Cola Zero. Trennkost also.

„Ihr macht so was zum ersten Mal, oder?", fragte Corinna gerade heraus.

Frau Liebling nickte zögernd. Corinna sah sie aufmunternd an. Ihre Unbekümmertheit entspannte die etwas angestrengt lächelnde Gattin.

„Kein Problem. Ihr macht nur, was ihr wollt – und mich vergesst ihr einfach."

Das gefiel den beiden.

„War es deine Idee?", richtete Corinna die nächste Frage an Herrn Schatz.

„Ja, ein Geburtstagsgeschenk!", gab dieser gut gelaunt zurück.

„Hm, ist meistens ‚seine' Idee. Hauptsache, dass du auch Spaß dran hast", meinte sie in Frau Lieblings Richtung.

„Denke schon. Er musste mich jedenfalls nicht überreden!"

„Das ist ja schon mal gut. Dann swingt ihr beiden aber bestimmt nicht, oder?"

„Äh, nö", gab Frau Liebling etwas irritiert zurück und guckte Herrn Schatz fragend von der Seite an. Dieser zuckte vorsichtig und mindestens genauso unwissend mit den Schultern.

„Soll heute ja noch tierisch gewittern. Lasst uns los!" Corinna gab das Kommando zum Aufbruch und hielt nahe der Kreuzung ein Taxi an. Herr Schatz und Frau Liebling stiegen nach hinten in den stickigen, alten Benz mit Plastikledersitzen, Corinna thronte vorn.

„Bei mir im Studio wird es noch heißer sein. Stellt euch schon mal drauf ein", lachte sie vergnügt.

Wie recht sie hatte! Heiße, abgestandene Luft empfing sie im fünften Stockwerk eines Wohnhauses, dessen oberste Etage ein großzügiges Loft mit Glasfassade war.

„Hereinspaziert!" Schwungvoll deutete Corinna auf den großen Raum und riss die Fenster auf. „Die können wir aber leider nicht die ganze Zeit offen lassen. Von gegenüber wird manchmal ganz gern geguckt."

Na, super! Das war nicht gerade eine einladende Vorstellung für Frau Liebling, die ihren Schatz nun etwas argwöhnisch in die Seite knuffte.

„Wieso, kann doch vielleicht ganz reizvoll sein", legte Herr Schatz angesichts des empörten Gesichts seiner Frau nach.

„Auf diesen Spruch trinke ich lieber einen Schluck!"

„Gute Idee." Herr Schatz förderte aus dem Koffer allerlei Dessous zutage, bis er die Flasche Schaumwein fand. Ein Thermoschutz sollte die Kühle bewahren, was bei den Temperaturen natürlich illusorisch gewesen war. Corinna stellte ihnen einen Sektkübel mit kaltem Wasser hin, tupfte sich etliche Schweißperlen von der Stirn und besah sich die Utensilien.

„Schöne Korsage, die du da hast. Passt gut zu den Stilettos. Höschen oder so was würde ich gar nicht anziehen, der Po spannt sich schön genug. Sieht übrigens heißer aus, wenn der Busen ein bisschen gequetscht wird. Ist aber nur meine Meinung." Die Fotografin hob die Hände.

„Und du, mein Herr, was ziehst du an – oder nicht an?"

Herr Schatz kramte im Koffer. Boxershorts, enger schwarzer Slip, Krawatte, Boxerschuhe, Hut, Käppi.

„Reicht völlig für eine gute Szene. Der Rest ergibt sich eh von selbst", plapperte Corinna weiter.

Hatten wir uns eigentlich überlegt, was oder wen wir vor der Kamera überhaupt darstellen wollten?, fragte sich Frau Liebling. Klar, sie hatten ab und zu schon mal selbst Fotos geschossen, die mehr oder eher weniger gelungen waren. Aber jetzt, in einem Studio vor einer anderen Person?

Wenn wir solch ein richtig erotisches Shooting jemals machen, dann eine Fotografin, kein Fotograf, war ihre Bedingung gewesen. Und diese Frau war wirklich der Hit. Witzig, versaut, total natürlich – und körperlich keine Konkurrenz. Frau Liebling hatte jetzt richtig Lust auf dieses Abenteuer, und Herr Schatz sowieso.

„Ähm, Corinna", stammelte Frau Liebling – aber diese Frage musste sie stellen – „sollen wir vor dir nur posen oder uns auch anfassen oder sogar … vögeln?"

Corinna grinste breit. „Liebes, das könnt ihr machen, wie ihr wollt. Ihr macht das zum ersten Mal, also würde ich so oder so nicht total draufhalten. Ein bisschen Fantasie soll euch danach ja auch noch bleiben."

„Dann werde ich dich bedienen, mein Herr Schatz", schlug Frau Liebling vor. Sie drückte den inzwischen schon fast nackten Gemahl in einen opulenten Clubsessel aus braunem Leder, der vor einer Leinwand in Ziegelwandoptik stand. In seinen schwarzen Shorts deutete sich schon eine Beule an, den Hut hatte er sich frech in den Nacken geschoben, die Krawatte lässig um den Hals gebunden. Seine bloßen Füße steckten in Boxerschuhen. Sehr sexy, all das, und Herr Schatz spürte noch dazu das warme Leder auf seiner Haut. Er verschränkte seine Arme hinter dem Kopf und sah seine Frau herausfordernd an. Mit aufreizendem Gang bewegte sie sich fast katzenhaft von der Seite langsam auf ihn und seine Bühne zu; ihre Beine wirkten richtig lang in den aberwitzig hohen Stilettos, ihre Pobacken wölbten sich eindrucksvoll. Sie drehte sich zu ihm und er sah – fast auf Augenhöhe – ihren wunderbaren, sanften Schamhügel mit dem kleinen krausen Dreieck und der saftigen Grotte. Wow, das Blut schoss ihm bei diesem Anblick regelrecht in den Schwanz. Zu gern hätte er gleich und sofort seine Zunge in ihrem Bermudadreieck versenkt und den süßen Saft, dessen Duft in seine Nase strömte, aufgeschleckt. Aber er musste sich ja gedulden, musste, nein: durfte das Rollenspiel vor der Kamera mitmachen.

Es gefiel ihm, das Klicken von Corinnas Kamera zu hören, die Hitze und das Licht der Scheinwerfer auf seinem Körper zu spüren, aus den Augenwinkeln die Fotografin wahrzunehmen, die – mit einer flatternden Tunika bekleidet – in gut fünf Metern Abstand das Objektiv auf sie gerichtet hatte. Klick, machte es. Und wieder klick, klick, klick.

Frau Liebling mimte nun eine sexy Kellnerin: Sie beugte sich mit durchgedrücktem Rücken zu ihrem Gast hinab. Die linke Hand elegant knapp über dem Po auf den Rücken gelegt, in der rechten Hand das Tablett mit einem Whisky-Glas balancierend. Aufmüpfig hüpften ihre roten Beeren aus der engen Korsage, die ihre Möpse fest zusammenpresste.

„Mein Herr, Ihr Whisky…" Ihre Stimme war tief, sanft, verführerisch. Sie hörte das Klicken des Auslösers wie eine Verheißung darauf, dass ihr später die Bilder verraten würden, wie sexy sie wirklich war, wie verführerisch sie sein konnte. Wie sie das antörnte.

„Danke", schnurrte Herr Schatz mit dem Glas in der Hand zurück. „Wollen Sie sich nicht setzen?"

„Ich stehe lieber," antwortete sie und sah ihm tief in die Augen.

Die Fotografin wechselte immer wieder den Platz und bewegte sich langsam um das Paar herum, ohne die Kamera abzusetzen. „Ja, toll, macht weiter, ihr seid wahnsinnig sexy! Zeigt mir, wie ihr euch begehrt!"

Als wolle sich Frau Liebling auf ein Pferd setzen, schwang sie ein Bein um ihn herum und stellte sich wie eine Rittmeisterin vor Herrn Schatz, die Beine gespreizt, die Hände nun in die Seiten gestemmt.

„Möchten Sie auch etwas essen?"

„Ja, Sie!", keuchte Herr Liebling, fasste sie fest an den Pobacken und zog sie mit einem Ruck zu sich. Klick, klick.

„Schaut mich kurz an, flirtet", bat Corinna vorsichtig.

Zwei wild glühende Augenpaare guckten in die Linse, als würden sie diese gleich verschlingen, Frau Lieblings Lippen waren leicht geöffnet. Wie anregend ein Voyeur sein kann, dachte Frau Liebling, vorausgesetzt, dass man ihn sich aussuchen kann. Corinna zoomte Frau Lieblings Hinterteil heran, dass Schatz genau in diesem Moment mit seinen Händen umfasste. Mit Nase und Mund näherte er sich ihrem feuchten Lust-Eck und dachte dabei an die Fotos, die später zeigen würden, wie er seine gierige Zunge in ihre Feige steckte.

Langsam zog er ihre Hüften ganz zu sich. Sie wölbte ihm ihr duftendes Geschlecht entgegen. Er küsste es sanft, suchte mit seiner Zunge ihren Kitzler, umzüngelte ihn. Frau Liebling stöhnte impulsiv auf. Sie spürte, wie Kitzler und Lustlippen wuchsen. Und trotzdem wollte sie noch ein bisschen mehr von dem Spektakel, sie wollte die ganze Show. Sie stellte ein Bein auf den Sessel und zog ihren Schatz keck am Schlips zu sich heran. Wie ein wachsamer Tiger sah Herr Schatz zu ihr auf. Und sie: Begann mit der Kamera zu spielen, mit nur halb geöffneten Augen und Lippen, die sie sich leckte. Das ist anders jetzt, merkte Herr Schatz, das ist ein richtiges Kammerspiel. Unser Kammerspiel.

Er stand auf, drückte sie in den Sessel und kniete sich wie ein Kavalier vor ihre Beine. Dann legte er vorsichtig ihr gestrecktes linkes Bein auf seine Schulter, umfasste den Knöchel und küsste ihre Fessel, während er schon ihre feucht glänzende Spielhöhle anvisierte. Seine Rute zuckte, als hätte er einen Fang gemacht. Wie gern würde er seinen Stab einfach in sie hineinrammen, sie nehmen, hier, jetzt, sofort. Klick, klick, klick.

Frau Liebling nahm ihr Bein wieder von seiner Schulter, öffnete aufreizend ihre Beine und reckte ihm ihren erregt bebenden Busen entgegen. Klick, klick, klick, hörte sie, und wieder überlief sie ein Schauer der Geilheit.

„Nimm!"

Herr Schatz nahm ihren Busen in die Hand, seine Finger suchten ihre Nippel, pressten sie, massierten sie. Hörbar keuchte Frau Liebling auf und schloss die Augen. Oh, Wahnsinn, meine Fotze schmerzt vor Lust, stellte sie fest. Da hörte sie plötzlich leise: „Leute, sorry, kurze Pause, ich muss mal…"
„Passt schon", presste Herr Schatz hervor. Beide verharrten einen Moment lang, bis sie irgendwo die Toilettentür hörten. Dann ließ sich Frau Liebling zurück in den Sessel fallen und spreizte sich Herrn Schatz mit weit geöffneten Beinen entgegen.
„Fick mich! Sofort!!"
Was für eine selten derbe Aufforderung. Herr Schatzens Kopf pochte vor Gier. Kaum hatte er ihr unter den Po gegriffen und ihre Hüften gehoben, schlangen sich ihre Beine um seine Taille. Sein Schwanz rutschte vollends aus seiner Shorts, die er schnell etwas tiefer zerrte. Endlich. Sein Gemächt ragte empor, mit der linken Hand schob er es zum flutschigen Eingang und stieß zu.
Frau Liebling schrie auf, leise, heiser, wolllüstig. Sie spürte seinen harten Knüppel, seinen Drang, sich schnell und fest zu bewegen. Sie spürte ihren fast schmerzend pulsierenden Liebesmund. Die ganze Glut, die Hitze des Studios, die erotischen Blicke, all das hatte sich in ihnen beiden aufgestaut und entlud sich plötzlich und fast hektisch in einem nahezu gleichzeitigen, wilden Orgasmus-Zucken.
Erschöpft ließ sich Herr Schatz auf Frau Liebling und den Sessel fallen. Beide schnaubten und seufzten zufrieden und wirkten in dem riesigen Möbelstück wie eine verschmolzene Skulptur.
„Nanu, schon fertig, Ihr beiden? Das nenn ich aber einen großartigen Anblick", kicherte Corinna und schnappte sich wieder die Kamera. Klick machte es – und Klick.
„Mal sehen, wie lange ihr diese postkoitale Ruhe genießen wollt."

Tipps aus der Liebling- und Schatzkiste

- **Der Reiz einer „richtigen" Foto-Session**

In Zeiten von Smartphones und Digitalkameras hat sie jeder und macht sie jeder: erotische Fotos vom Partner, von sich selbst oder von beiden gemeinsam. Das ist unser gutes Recht. Und doch ist es wie mit dem Kochen und dem Essengehen. Manchmal schmeckt es einfach besser, wenn man sich bekochen lässt, manchmal sieht es auch besser aus und manchmal ist es beides. Klar, man sollte so etwas Intimes wie Sex nicht mit einem Essen im Restaurant vergleichen. Wir tun es trotzdem, weil wir meinen: Es gibt nichts Schöneres, als sich schön und handwerklich gut gemacht fotografieren zu lassen. Und das Allerschönste: Man kann wie bei der „Nacht der Masken" mit anderen Identitäten und Rollen spielen. Was ungemein befreiend und unterhaltsam sein kann.

- **Reden ist hier mal Gold...**

Wichtig auch hier: offene Kommunikation über die Wünsche und Sehnsüchte des jeweils anderen. Also gemeinsame Gespräche über Fragen wie: Wie weit wollen wir vor der Kamera, noch dazu vor einer fremden Person, wirklich gehen? Wollen wir eine Geschichte oder einen Traum erzählen oder einfach nur uns zeigen? Wo lassen wir uns fotografieren? Und vor allem: Wer fotografiert – eine Frau oder ein Mann? Wem vertrauen wir voll und ganz. Für die Suche helfen auf jeden Fall Internet-Communities (Links siehe Anhang, Seite 221), in denen sich auch Dutzende hochkarätiger professioneller Fotografen tummeln.

- **Andere Kunstprojekte zum Ausprobieren**

Wer so gar kein Interesse an Lichtbildern hat: Eine amerikanische Firma (Adresse siehe Anhang, Seite 221) hat eine malerisch schöne Ware auf den Markt gebracht: Ein Set, mit dem man sich erst gegenseitig mit Farbe bestreicht, zum Beispiel auf dem Rücken und an den Armen und Händen, um sich anschließend auf einer Leinwand zu lieben. Abstrakte Kunst, aber sehr konkret.

Let it swing

Schon an der Pforte des angeblichen „Lustschlosses" blickt man direkt ins Paradies: ein Büfett, meterlang, voller kalter Köstlichkeiten, Vitello Tonnato, Salate, Scampi, Tomaten und Mozzarella auf Rucola sowie gefüllte Blätterteigtaschen.

100 Euro bezahlen Frau Liebling und Herr Schatz, um eingelassen zu werden, in das „Tor des Lebens". Es ist Pärchenabend heute und vor dem lukullischen Paradies steht eine dralle Dunkelhaarige in Slip, halterlosen Strümpfen, Korsage, hohen Hacken – und nascht mit Hingabe. Keine Frage, Sex macht hungrig, aber noch hat das Liebling-und-Schatz-Paar nichts von alledem: keinen Hunger, keinen Sex.

Die beiden sind neu hier, weil Pärchen- und Swingerclubs ja gerade ordentlich in Mode sind. Wahre Abenteuerspielplätze für Erwachsene seien das, heißt es, und allemal Partys in stilvollem Ambiente. Aber was, wenn es doch nur ein Spa-Bereich für nackte Leute ist, die ficken wollen und spannen?

Frau Liebling und Herr Schatz lieben und schätzen erotische Herausforderungen. Ein paar haben sie im Laufe ihrer vielen Ehejahre schon erfolgreich bestanden, manche nicht. Nervös sind sie immer noch, auch jetzt, weil sie nicht wissen, was sie erwartet, und weil in ihnen trotz der gemeinsamen, tapferen Absicht kleine Notlichter Warnblinkzeichen geben. Schwach zwar, aber immerhin. Zwei Auslöser haben diese Lichter: der eine ist die Angst, der andere die Eifersucht. Angst, der andere könne sich irgendwie doch verlieren, mit anderen. Und Eifersucht: genau deswegen. Trotzdem sind sie da. Ihre beiden Kinder sind ja eh weg, sie übernachten bei Freunden. Zu Hause haben sie noch in aller Ruhe gekocht, einen guten Chardonnay geöffnet und bei Kerzenschein gegessen. Endlich haben sie mal wieder etwas Zeit zum Reden über jenes und dieses, so lange, bis Herr Schatz mahnt: „Wenn wir nicht langsam mal losfahren, packe ich's heute nicht mehr. Komm, lass uns!"

In einer Tasche verstauen sie zwei Paar Schuhe und etwas aus ihrem gut versteckten Schlafzimmer-Modefundus: für ihn einen äußerst grobmaschigen, ziemlich durchsichtigen Netzslip und ein schwarzes Tanktop, für sie ein etwas engmaschigeres Netzoberteil und einen mit hauchzarten Fransen verzierten Slip. Er ist im Schritt offen. Zur Umkleidekabine des Lustschlosses geht es in den Keller. Kurz vor dem Büffet führt eine Treppe hinab, an Toiletten und dampfenden Duschen vorbei, vor denen schon jetzt, es ist gegen elf Uhr abends, deutlich erhitzte Frauen und Männer darauf warten, sich nach offenbar gerade vollzogenem Akt zu säubern.

„Tschuldigung, dürfte ich kurz vorbei", bittet Herr Schatz höflich um Durchlass für seine Gemahlin und sich, dicht vorbei an nackten, gepiercten Brüsten und zum Lendenschurz gespannten Handtüchern. Hilfesuchend schaut Frau Liebling beim Umziehen ihren Mann an, der gerade seinen Schwanz im Netzslip nach links legt und mit einem allemal flugbegleitertauglichen Lächeln sagt: „Erstmal was trinken, okay?!"

So richtig wohl fühlen sich beide nicht, noch nicht. Oben, neben dem Paradies, wird die Musik lauter. Durch einen Flur gehen die beiden in eine kleine Diskothek. Mit einem kurzen Schreck stellt Frau Liebling fest, dass viele der Gäste deutlich bekleideter sind als sie. Na und? Jetzt erst recht, denkt sie, hält ihren Rücken noch ein wenig gerader, schaut noch ein wenig arroganter und schreitet, eskortiert von ihrem mindestens genauso todesmutigen Mann, mit angemessenem Stolz auf ihren High Heels zur Theke. Die Fransen ihres Slips kitzeln an ihrer Scham.

„Schaumwein – oder Wein?", fragt er sie.

„Schaumwein, bitte, viel Schaumwein, sonst wird das nichts mit mir, hier", antwortet sie ihm.

Die Aufgabe der Bestellung ist zumindest für ihn ein Vergnügen. Das Mädchen an der Bar trägt ein gelbes Etwas aus Chiffon, dass sich so um ihren Körper windet, dass die formvollendete Silhouette ihres Busens schön und frei zu sehen ist. Wie gern würde er diese Linie jetzt streicheln und kosen, schießt es ihm durch den Kopf, am liebsten sogar zusammen mit Frau Liebling. Aber zu der sagt er nur: „Schau mal, da hinten rechts. Die drei, wie die rummachen. Sieht echt total gekünstelt aus, oder?"

Hinten rechts stehen zwei junge Frauen und ein Mann, die sich zwischen Tanzfläche und Bar mit extra viel Theatralik und extra wenig Tempo befummeln und ausziehen. Eine der beiden Frauen knabbert bereits an einem Nippel der anderen und doch wirkt es deplatziert und gelangweilt.

„Wenn ihn das so wenig anmacht, warum hat er dann solch einen Ständer?", denkt sich Frau Liebling, während sich Herr Schatz in seiner Reizwäsche von hinten an sie lehnt, ein Rotweinglas in der Hand.

„Wie wär's, wenn wir ein bisschen rumlaufen?", schlägt Schatzens Frau vor, „oben soll es ja auch noch Räume geben."

Hand in Hand unter vielen neugierigen Blicken stolzieren die beiden viel zu durchsichtig Ausstaffierten an Tanzfläche, Tanzstangen, Bar und vielen Gästen vorbei in den ersten Stock.

Und da sind nicht nur Räume. Da ist alles anders. Keine Musik zum Beispiel, aber lustvolles Stöhnen, männliches und weibliches. Kein Licht, aber drängende Paare in dunklen Fluren, viele davon erstaunlich jung, die immer wieder innehalten, um in die einzelnen Zimmer zu schauen – durch die Tür oder durch Gucklöcher in den Wänden. „Ich will da auch gucken!", denkt Herr Schatz und sagt zu Frau Liebling betont lässig:

„Das sieht ja aus wie beim Schaufensterbummel vor Weihnachten. Hier muss doch auch irgendwo dieses Kino sein, mit den Pornos."

Arm in Arm bummeln die beiden durch einen der Flure und staunen: Fast auf jedem der Betten in den stets offenen Zimmern wird gebumst, mal zärtlicher, mal härter. In einem sind es sogar gleich vier Pärchen auf einmal, in einem anderen ein Trio mit einer dunkelhäutigen Frau, die sich auf dem Rücken liegend von einem Mann gerade lecken lässt und dabei das Gemächt eines anderen mit dem Mund verwöhnt. Frau Liebling schaut einen Moment lang zu und starrt dann doch eher vor sich. Irgendwie wirkt das alles so angestrengt, so mechanisch, wie in einem dieser schlechten Pornofilme, die auf den ersten Blick zwar reizvoll sind, auf den zweiten aber ohne besondere Sinnlichkeit oder Erotik.

„Ich könnte sowas nicht", denkt Frau Liebling, streift dabei mit der Innenseite der Hand über das sich im Netz wölbende Glied ihres Mannes und sagt: „Nichts überhasten, mein Schatz. Du kommst schon noch dran."

Hoppla! Direkt neben den beiden fällt einer schlanken, hochgewachsenen jungen Frau eine Federboa auf den Boden. Herr Schatz, der gern Kavalier ist, beugt sich flink zur Seite und nach unten, um ihr zur Hand zu gehen. Erst beim Beugen, dicht vor ihr, sieht er zwischen ihren Beinen – einen Busch. Pechschwarz gekräuselte Haare. Sowas fällt auf, heutzutage.

„Vielen Dank, geht schon", säuselt sie und es klingt so beiläufig höflich, als spräche sie gerade bei der Arbeit mit einem ihrer Kollegen, der ihr bei einer zu Boden gefallenen Hauspost-Tüte behilflich sein will. „Was für eine geile Frau!", denkt Herr Schatz in diesem kurzen Moment und sagt leise zu Frau Liebling: „Verrückt, hast du die gesehen?"

Frau Liebling und Herr Schatz ziehen weiter und stehen plötzlich hinter einer Gruppe, die dicht an dicht am Eingang eines großen Raumes steht. Ein Mann sagt mit großem Staunen: „Da drinnen geht's richtig ab!"

Da drinnen ist das Kino. Ein großer Raum mit verschiedenen Sofas und Bänken, einem mit Ketten an der Decke befestigten Schaukelbett und einer Bühne vor einer Leinwand, auf der im Kinoformat ein Film des Edelporno-Filmers Andrew Blake läuft. Gerade jetzt ist zu sehen, wie eine Frau, deren Hände hinter dem Rücken gefesselt sind, mit einem gläsernen Dildo befriedigt wird.

Bis auf Frau Liebling und Herrn Schatz, die gerade ein freies Sofa entdecken und sich hinsetzen, schaut kaum jemand hin. Weil wirklich überall gevögelt wird. Direkt hinter den beiden zum Beispiel beugt sich eine Frau über Sitzpolster und Rückenlehne, während ihr Partner sie im Stehen derart temperamentvoll stößt, dass auch der Liebling-und-Schatz-Platz rhythmisch zu wackeln beginnt. Neben ihnen reiten zwei Frauen im Sitzen ihre Männer, mit dem Rücken zur Leinwand, im Dunkeln dahinter sieht es ähnlich aus.

Trotzdem fühlt sich Frau Liebling eher bedrängt als erregt. Sie legt ihre Beine über Schatzens, in der Hoffnung, dass seine Berührungen und Streicheleien sie etwas entspannen. Irgendwie kommt sie sich schon fast wie eine Spielverderberin vor. Und tatsächlich: Seine Finger, die ganz langsam an der Außenseite ihrer Ober- und Unterschenkel trippeln und dann an der Innenseite zurück, helfen ein wenig. Mehr allerdings auch nicht. Dafür ist um sie herum zu viel Gemache, zu viel Gepose.

Herr Schatz spürt ihre Unruhe, ihr Unwohlsein. Er streichelt sie weiter an den Beinen, küsst sie innig und wandert mit seiner rechten Hand wie zufällig dann auch mal von der Innenseite ihres Oberschenkels weiter hinauf, bis zu ihrer Scham, die von den Fransen kaum verhüllt wird. Sanft, aber bestimmt zieht sie seine Hand beiseite und sagt: „Sorry, mein Geliebter, ich kann so nicht. Komm, einen Wein und einen Schaumwein noch."

„Schade, das, warum gerade jetzt?", denkt Herr Schatz und äugt beim Küssen nach vorn auf die Bühne, auf der es sich ein drahtiger Mann mit grauen Haaren im Liegen bequem gemacht hat, um sich seine ausgefahrene Rute von einer Platinblonden, die vor ihm kniet, lecken zu lassen.

„Macht doch nichts", sagt er, „ich hatte eh noch Lust auf einen Wein." Seine Erektion ist verschwunden. Beide stehen auf und bahnen sich Hand in Hand aus dem Kino einen Weg durch die Paare zurück zur Bar.

„Ein bisschen schräg ist das alles schon", spricht Herr Schatz in Frau Lieblings Ohr, als den Weg der beiden genau in diesem Moment ein älterer Mann mit einer imposanten Latte kreuzt, der im Eiltempo aus einem der umtriebigen Zimmer kommt, sie dabei fast umrennt, kurz „Tschuldigung!" ruft und weiter zu einem Kühlschrank hechtet, der im Flur Mineralwasserflaschen bereithält, für die vielen Durstigen. Die erste Flasche leert er noch vor der offenen Kühlschranktür, der überhitzte Schwanz ragt währenddessen weit ins Kühle, dann schnappt er sich eine zweite und eilt zurück. Frau Liebling und Herr Schatz schauen sich an, kichern erst, dann lachen sie. Wie entfesselt kichern und lachen sie und gehen dabei weiter.

Und plötzlich haben beide das Gefühl, dass sie endlich verstanden haben, was sie erwartet. Ein Panoptikum, dass nicht ihres sein muss. Ein leibhaftiger Slapstick-Film mit unterhaltsamen und lustigen Momenten und Menschen, die deswegen gar nicht unbedingt superanregend sein müssen. Darüber reden die beiden an der Bar. Sie trinken ein Glas und noch eines und es geht ihnen besser, weil sie nicht mehr so schwer tragen müssen, an der Last überzogener Erwartungen.

Ein Lustschloss, egal, ob es nun Pärchen- oder Swingerclub heißt, macht nicht automatisch Lust, aber es macht Spaß. Vorausgesetzt, man hat Freude an skurrilen Momenten. Und die haben sie auf einmal – was gewiss nicht nur am Alkohol liegt. Wie zwei Teenager toben sie auf der Tanzfläche herum, wild und übermütig. Und entdecken dabei immer

Neues: eine Blonde in einem türkisfarbenen Body zum Beispiel, die schon bei Lieblings und Schatzens Ankunft stand, wo sie jetzt steht, mit versteinerter Miene am Rand der Tanzfläche – neben einem Mann, der offenbar ihr Begleiter ist, aber nichts zu sagen hat. Oder eine Frau, Anfang 50, die schon in der Menge auffällt, weil sie besonders geschmeidig und aufreizend tanzt, dann aber Mut fasst und auf ein Podest steigt, um sich nach einer offensichtlich eifrig gelernten Choreografie an einer Tanzstange zu räkeln, ohne dass ihr Begleiter davon überhaupt Notiz nimmt.

„Gibt's das jetzt auch schon an der Volkshochschule?", fragt Herr Schatz Frau Liebling, und es klingt böser, als es tatsächlich gemeint ist.

Es scheint, als würde sich zwischen Frau Liebling und Herrn Schatz ein krampfhaft geknüpfter Knoten lösen. Ein Knoten aus überzogenen Erwartungen und Ängsten und unnötiger Coolness.

„Tut gut jetzt, oder?", ruft Herr Schatz seinem Liebling durch die Schallwand aus Gloria Gaynours „I will survive" ins Ohr, und die strahlt.

„Ich liebe es, mit dir albern zu sein", sagt sie, schnappt sich im nächsten Moment vom Tresen der Bar eine leere Champagner-Flasche, stellt sie auf den Boden und beginnt, mit lockeren Hüftkreisen über dieser Flasche zu tanzen und sich dabei immer tiefer zur Flasche zu bewegen. Eine leichte Berührung nur, zwischen ihrer Muschi und dem Flaschenhals, dann steht sie auch schon wieder, legt ihre Arme um Schatzens Hals und beginnt, ihn leidenschaftlich zu küssen. Eigenartig, das fühlt sich alles viel leichter und frivoler an, denkt sie, während ihre Zunge mit seiner Fangen spielt. War das jetzt wirklich nur wegen des Typen mit dem Kühlschrankschwanz oder liegt es doch daran, dass es einem manchmal einfach besser geht, wenn alles egal ist?

„Ich habe tierisch Lust auf dich", hört sie Herrn Schatz in ihren Mund sagen. Sie spürt es und sie will es auch.

„Aber nicht hier. Und nicht in einem der Zimmer", stellt sie klar.

„Komm, wir gehen noch mal ins Kino. Wir machen bei dem Film, der da läuft, einfach mit, okay?!", schlägt Herr Schatz vor.

Was er damit meint, merkt sie erst, als sie wieder oben sind. Der Raum ist nicht weniger voll als vorher, aber Herr Schatz schiebt seine Frau Liebling lächelnd auf eine seitliche Bank, direkt neben der Leinwand, auf der sich gerade eine Frau in schwarzem Latex von einem Latino-Typen mit erstaunlichem Tempo durchvögeln lässt.

Frau Liebling und Herr Schatz sind nun nur noch für sich, fast schon wie unter einer Glocke, und mindestens so übermütig wie beim Tanzen. Erst streift Frau Liebling vor ihm stehend mit zwei Fingern glucksend über ihr Nest und lässt ihn die herrlich duftende Nässe von ihren Fingern schmecken. Dann zieht sie äußerst behände ihrem Schatz den Netzslip von den Hüften und beginnt, während beide nebeneinander sitzen, seinen schlappen Schwanz derart temperamentvoll zu schütteln, dass dem gar nichts anderes übrig bleibt, als sich in Sekundenschnelle zu versteifen. Und kaum ist er steif, sitzt sie auch schon auf ihm, während er vom Sitzen nach unten ins Liegen rutscht. Sie sitzt auf seinem Luststab, der sich gegen seine Bauchdecke presst, und beginnt ihn zu reiben, indem sie ihre Hüften schnell vor und zurück schiebt. Anfangs muss sie noch mit der Hand an der Eichel ein wenig dirigieren, aber dann findet sein Gerät eine elektrisierend geile Spur, genau zwischen ihren beiden Schamlippen. In langen Zügen gleitet sie den Schaft entlang bis zur Spitze und wieder retour und spürt mit jeder neuen Begegnung zwischen Eichel und Kitzler eine unbändige Lust, die wie in Strömen durch ihren Körper nach oben zieht, zu ihrem Kopf, der bis unter die Haut zu kribbeln beginnt. Vor allem aber in ihre Brüste, die schier nach Reizen schreien, nach einem Zwirbeln und Ziehen der Nippel.

Auch für Herrn Schatz ist diese Schaukelbewegung überraschend und neu. Er spürt, wie sich seine Hoden immer weiter zusammenziehen. Er spürt, wie er im Liegen seine Beine anspannt und seine Zehenspitzen wie automatisch nach oben zieht. Er spürt, wie sie ihrem ersten heftigen Höhepunkt entgegenschauert. Er spürt aber auch, dass auch er gleich abspritzen wird, obwohl er doch noch gar nicht will. Und dann drückt er seine vor Erregung taumelnde Frau Liebling mit einem Schwung nach oben, in den Stand, stellt auch sich hin, dreht sie um, so dass sie sich – direkt vor der Leinwand – auf dem Bühnenrand abstützen kann und rammt seinen Stab in ihre Glut, hält sie mit beiden Händen an ihren Hüften und bewegt sich in ihr in mächtigen, kräftigen Stößen, bis sie ein zweites Mal und furios kommt und gleich danach er, ekstatisch und kehlig schreiend.

Und dann stehen sie da und blicken in lauter ernste Augenpaare um sie herum, die sie anstarren und nicht den Film.

„Raus hier!", flüstert Frau Liebling ihrem lauten Schatz zu. „Nichts wie raus hier!"

Tipps aus der Liebling- und Schatzkiste

Glaubt man den privaten Fernsehsendern und so manchen Frauenmagazinen, dann ist heutzutage ein Besuch im Swingerclub nichts anderes als der im Kino. Ab und an geht man halt hin, um sich zu vergnügen. Mal abgesehen davon, dass es im Kino keine Nudelsalate gibt. 250 dieser Clubs gibt es zurzeit in Deutschland, sogar Doktorarbeiten werden über das „Swingerdasein" geschrieben und darüber, warum das Klischee „Alt und sonst nix los" längst überholt scheint. Swingen gehört also irgendwie zum guten Ton, und doch kann es ganz schnell ganz schön schräg werden, wenn man wider Willen mitten in einer RTL2-Dokumentation gelandet zu sein scheint.

Richtig prickelnde Adressen, auch wenn sie überhaupt keine klassischen Swingerclubs, sondern eher erotische Tanzclubs sind, finden sich wieder mal in Berlin, aber auch in Hamburg und München (siehe Anhang, Seite 223).

- **Anfangs auf Nummer sicher gehen**

Um allzu unangenehmen Überraschungen vorzubeugen, empfiehlt sich für Premieren-Besucher ein sogenannter Pärchenabend. Dann nämlich haben allzu aufdringliche Solo-Herren Pause. Und noch etwas: Natürlich ist ein Swingerclub nicht unbedingt vergleichbar mit einem Spektakel wie dem der „Nacht der Masken" (siehe ab Seite 168). Aber es ist allemal ein Abenteuer- und Party-Spielplatz, auf dem man sich fantasievoller anziehen darf als nur mit Handtuch und Badeschlappen.

- **Das richtige Outfit finden**

Apropos Kleidung: Seien Sie frivol! Ziehen Sie an, was Sie in Ihren eigenen vier Wänden nicht zu tragen wagen. Aber achten Sie trotzdem darauf, dass Sie auf dem Heimweg genügend anhaben. Denn die Polizei kontrolliert am liebsten nachts.

2 + 2 = Wir

Ihre Hände sind eiskalt, während Frau Liebling und Herr Schatz im warmen Auto sitzen – und warten. Auch wenn draußen auf dem schneebedeckten Parkplatz an der Talstation des Sessellifts immer noch jeder Winkel besetzt zu sein scheint, ist der Tag der Skifahrer und Snowboarder fast vorbei. Der Tag mit den großen Unbekannten aber fängt erst an.

Die reichlich aufgeregten Herrschaften Liebling und Schatz sind ganz wirklich und real heute mit einem Paar verabredet, das sie bislang nur virtuell kennen, durch Internet, Mails und ein Telefonat.

Sie sind zum Sex verabredet, obwohl sie in diesem eiskalten Moment überhaupt nicht wissen, ob sie all das auch wirklich wollen, was sie sich in dem hitzigen Schreibverkehr mit diesem Paar versprochen haben. Wilde, fantasievolle, ja, versaute Mails zu schreiben, noch dazu in einer dieser anregenden „Communities für stilvolle Erotik", ist manchmal gar nicht so schwer – sie Realität werden zu lassen, dagegen schon.

„Ob die 'ne Panne haben?", fragt Frau Liebling, die ihre Hände zum Aufwärmen zwischen ihre übereinander geschlagenen Beine gesteckt hat, und die Frage klingt fast nach Hoffnung. Dann wieder Schweigen, eisig, bis sich nach ein paar Minuten in der Stille ein Klang erhebt. Etwas wie eine Gitarre. Oder besser: wie der Gitarrenklingelton von Herr Schatz' iPhone. Er nestelt das Telefon aus der Seitentasche seiner Daunenjacke. „Zu Hause", steht auf dem Display. Er geht ran.

„Ja, was ist denn?"

„Och, Kind, das weiß ich doch nicht."

„Nein, die Mama ist gerade kurz auf Toilette."

„Was? Ja, Skifahren. Sind gerade angekommen. Ja, mit Freunden."

„Nein, die nicht, andere."

Frau Liebling streckt ihm eine züngelnde Zunge entgegen, grinst und schweigt.

„Natürlich kommen wir morgen nicht zu spät. Die Oma..."

„Ja, okay, Kleiner. Aber jetzt wirklich im Affentempo an den Schreibtisch, klaro? Ja, Fußball darfst du gucken, aber mach dich drauf gefasst, dass wir uns morgen deine Hausaufgaben ansehen."

„Du, keine Ahnung, ob da oben auf der Hütte Empfang ist. Wir melden uns dann spätestens morgen Mittag mal, okay? Knutscher an Oma und die Große."

Herr Schatz legt auf und Frau Liebling fragt: „Alarm?"

„Nö, normaler Wahnsinn. Jedenfalls gut, dass dein Handy aus ist, sonst gäb's die doppelte Packung."

Wieder warten. Wieder nervöses Schweigen.

„Da", sagt sie und zeigt auf einen dunkelgrünen Kombi, der sich zwischen den stehenden Autos hindurchschlängelt.

„Das sind sie, jede Wette."

Das Auto kommt näher, und Herr Schatz winkt wie per Mail verabredet mit einem Skihandschuh aus seinem Fenster. Die Scheinwerfer des Autos antworten mit einem kurzen Aufblenden. Sie sind es also. Lara und Marlon. Er hat leuchtend weißgraue Haare, sie rote Locken, genau wie auf den Profilfotos. Gut zehn Jahre sollen sie älter sein, aber was macht das schon. Im Schriftverkehr und am Telefon sprühten sie jedenfalls vor Übermut und Verrücktheit.

Also aussteigen.

„Sehen doch nett aus", wispert Herr Schatz Frau Liebling zu, während er den beiden Unbekannten entgegenlächelt.

Die Begrüßung wie unter Freunden: Küsschen links, Küsschen rechts, Umarmung in der Mitte. Gute Fahrt gehabt? Schon, aber ganz schön viel los. Na ja, kein Wunder, bei dem Schnee.

Die Augen der beiden Unbekannten sprühen mindestens genauso wie ihre Mails. Ihre Bräune verdankten sie einem längeren Segeltörn in der Südsee, sagen sie. „Länger" heißt: Monate. Doch, cooles Paar. Und noch dazu sind beide Kite-Surfer.

Die vier packen ihre Ski und die Rucksäcke mit den Sachen für eine Nacht aus und fahren erst mit einem Vierersessellift, dann mit einem nostalgischen Einsitzer bergauf. Über die Skihänge unter ihnen gleiten immer noch ein paar Unentwegte. Eine Stunde haben sie noch, dann bleiben Lifte und Bahnen stehen.

Die zwei Paare fahren per Ski eine ausgeschilderte Piste entlang. Ihr Ziel ist eine kleine, gerade erst eröffnete Lodge mit vier zweistöckigen Chalets in zeitgemäß reduziertem Alpin-Chic. Eigene Sauna, eigener Kamin, sogar Frühstück und Abendessen werden auf Wunsch im eigenen Nest serviert. Ein prachtvoller Abenteuerspielplatz für eine Nacht.

Ob es Verlegenheit ist oder der Wunsch, Zeit zu schinden ... oder schlicht die Lust am Übermut? Nachdem sie eine große Brotzeitplatte in der Stube der Lodge verdrückt haben, entscheiden sich die vier zu einer kleinen Wanderung durch den tiefen Schnee. Sie laufen dem Gipfel und der Dämmerung entgegen, bewerfen sich gegenseitig mit dem gefrorenen Nass und plaudern darüber, wer sie sind, aber nur wenig darüber, was sie eigentlich wollen.

Marlon und Lara – auch sie haben Kinder, wenn auch schon ältere – treffen gelegentlich Paare, die sie im Internet kennenlernen, zum gemeinsamen Sex, erzählen sie. Nie in Swingerclubs zwischen Nudelsalat, Lambrusco und Russischen Eiern, sondern eher diskret in Hotels oder eigens gemieteten Appartements.

Es sei dieses Rauschhafte, dieses Neu-Gierige, dieses Orgiastische, das sie suchten. Auch wenn sie es beileibe nicht immer fänden, hätten sie selbst dann stets das Gefühl, etwas für sich und ihre Beziehung zu tun. Ein Abenteuer, zusammen erlebt. Ein Geheimnis, das es zu bewahren gilt. Nur für sich.

Und dann rollen die vier einen Schneehang hinunter, wie die Kinder, jauchzend, kreischend, schimpfend. Weil es herrlich ist, aber auch weil der kalte Schnee nun dahin kriecht, wo es eben noch warm war. Nur die eisigen Hände der Aufregung, die sind komischerweise auf Wohlfühltemperatur.

„Jetzt in die Sauna!", ruft Frau Liebling.

„Aber um die Wette!", ruft Marlon.

Im Halbdunkel rennen Marlon, Frau Liebling, Lara und Herr Schatz nebeneinander durch das staubende Pulver, stolpernd, lachend.

Und dann stehen sie im zweiten Stock ihres Chalets zum ersten Mal voreinander, vier erwachsene Menschen, zwei nackte Paare, die sich vor zwei Stunden kennengelernt haben. Im Halbkreis vor der Saunatür stehen sie, als wollten sie sich vor dem Beginn eines wichtigen Spiels noch einmal anfeuern. Dabei haben sie die Augen geschlossen, hören und spüren den warmen Atem, streicheln mit ihren Fingerkuppen sanft Rücken, Schultern und Arme ihres Nebenans. Jede Haut fühlt sich anders an, bemerkt Frau Liebling fast erstaunt. Ihr läuft ein wohliger Schauer über den Rücken, als sie die ihr fremde Frau und den fremden Mann berührt, ein bisschen zögerlich erst, aber dann mit einem Kribbeln im Bauch, das sich köstlich hinunter in ihre Venusgrotte zieht. Alles drängt plötzlich nach vorn und nach oben: unzählige Härchen auf der Haut, vier Brustwarzen – und zumindest ein aufgerichteter Schwanz. Denn der von Herrn Schatz bleibt einfach schlapp. Die Aufregung ist eine gute Versteckspielerin, registriert Herr Schatz entgeistert. Einen kurzen Moment fühlt er sich wie ein kleiner Junge, der sich, vom großen Bruder kritisch beäugt, nicht vom Fünf-Meter-Brett zu springen traut.

Doch dann der erste Kuss. Er ist wie ein Stern und er geht so viel einfacher auf, als sich Frau Liebling und Herr Schatz es vorher ausgemalt haben. Vier Münder, die sich von allen Seiten nähern, bis sie, begleitet von lustvollem Schnurren, aneinander kleben. Vier Zungen, deren Spitzen keck miteinander zu tanzen beginnen, während die Hände ohne jede Scheu neue Wege suchen, über Busen und Brust und Bauch und Bein.

Darf er denn wirklich so einfach sein, der Sprung aus der Zweisamkeit eines Ehe- und Elternpaares in diese Viersamkeit? Was ist mit der Eifersucht? Was mit der einmal versprochenen Treue? Wagen die Herrschaften Liebling und Schatz diesen gemeinsamen Seitensprung wirklich für sich, als Paar, oder ist es doch nur die selbstsüchtige Lust auf das andere, das Fremde?

Im Auto, auf dem Weg zu ihrem heimlichen Rendezvous, hatten Frau Liebling und Herr Schatz über einige ihrer Ängste und Bedenken geredet und ein paar Regeln festgelegt. Wenn ihr Date zum Beispiel so ganz anders sein sollte als im Internet-Profil und in den Mails, hätte nur einer von ihnen das Wort „Schneesturm" sagen müssen, um gemeinsam Reißaus zu nehmen. Und bevor es zu so etwas wie Partnertausch kommen würde, wollten sich beide küssen und dabei fest in die Augen schauen, um sich zu sehen, ob es auch wirklich in beider Sinn wäre. Aber manches wollten sie auch einfach auf sich zukommen lassen, ohne Plan, ohne Ausmalen nach Zahlen.

Zugegeben, Lara und Marlon machen es den beiden leicht. Weil sie ihnen vor der Sauna vormachen, dass man sich anderen voller Erotik und Zuneigung nähern kann, ohne sich vom eigenen Partner, den man ja liebt, zu entfernen. Ohne unaufmerksam zu werden. Ihre leidenschaftlichen Küsse sehen jedenfalls so gar nicht nach Pflichtgefühl aus, und als Lara Marlon von hinten umarmt und dabei seinen strammen Schwanz massiert, ist das einfach nur: anmutig und zärtlich.

All das spüren Frau Liebling und Herr Schatz, während sie sich in den Armen liegen und einander innig küssen. Die Aufregung, sie legt sich wie ein müdes Tier, und Schatzens Schwanz erwacht, drängt zwischen ihre Bäuche.

„Wie geht's dir?", flüstert sie ihrem Ehemann in den Mund.

„Auf dem Wege der Besserung", antwortet er schmunzelnd und gleitet mit seiner rechten Hand ihren Rücken hinab über ihren Po bis zu ihrer Spalte. Sie ist aufregend feucht.

„Und du so?"

„Ich will jetzt endlich, endlich in diesen Schwitzkasten hier", sagt Frau Liebling mit einem Kichern, schnappt sich zwei Handtücher, zieht die Saunatür auf und ihren Schatz am Schwanz hinterher.

„Hey, ihr zwei. Wir auch", protestiert Lara und schubst Marlon vor sich her zu den beiden hinein.

Drinnen, in der glücklicherweise nur 60 Grad heißen Sauna, scheint es auf einmal wie ausgemacht, dass sich Lara zwischen die Beine von Herrn Schatz stellt, der auf einer der oberen Bänke sitzt, und Marlon neben Frau Liebling Platz nimmt. Verdammt gute Verführer eben.

Es sind ganz andere Saunageräusche als gewöhnlich, die sich da leise ausbreiten. Die ersten Solo-Küsse zwischen Frau Liebling und Marlon sind fast schüchtern, tastend.

„Darf ich das?", fragt sich Frau Liebling und schielt heimlich zu Herrn Schatz, der leidenschaftlich von Lara geküsst wird.

„Mag ich das?", fragt sie sich kurz und gesteht sich ein: „Ja!"

Sie fühlt sich hübsch, jung, begehrenswert und begehrt. Fremde Blicke, die ihren Körper entlangstreichen, Finger, die so anders berühren als die von Herrn Schatz, Berührungen, die ihr zu verstehen geben: Du bist schön! Ein fremder Mund, der so anders küsst. Sie genießt das andere, das aufregende Neue. Frech streckt sie Marlon ihre Brüste entgegen. Er versteht ihre Aufforderung und streichelt ihre steifen Nippel, knetet ihren weichen Busen, wandert mit einer Hand hinab zu ihrer Lustspalte. Scharf zieht sie die heiße, schwirrende Luft ein. Sie spürt die Geilheit in sich, die Lust, es mit diesem Fremden zu treiben.

Die Sauna ist erfüllt vom Geräusch schmatzender und saugender Küsse. Von wildem, verschwitztem Streicheln. Von vielfachem Atmen und Keuchen, das ohne Rhythmus und Kontrolle stoßweise anhält und dann doch irgendwie weitergeht.

Die großen Unbekannten sind so frei und verspielt in ihrer Lust, und es hat eher Sekunden als Minuten gedauert, bis Lara genussvoll am Stab von Herrn Schatz leckt und schmeckt. Herr Schatz sieht, wie Marlon mit seinen Daumen liebevoll über die Pracht von Frau Liebling streicht. So liebevoll, dass sie ihren Kopf mit geschlossenen Augen und hochgezogenen Schultern nach hinten in den Nacken legt. Ist das geil, schießt es ihm durch den Kopf. Zu sehen, wie Frau Lieblings gespreizte Beine einen Blick auf ihren Blütenkelch gestatten, wie fremde Finger in sie eintauchen, sie massieren, sie aufstöhnen lassen – und dabei zu fühlen, wie eine andere Frau sich an seinem Lustdolch zu schaffen macht, ihn saugt und betört.

Hin und wieder schießt und jagt es hin und her, in Frau Lieblings Denkwelt: das Erstaunen darüber, wie einfach es doch ist, Sex mit einem anderen Mann zu haben. Noch dazu in Gegenwart des eigenen Mannes. Dann dieser kleine, letzte Funken Scheu. Aber auch so etwas wie ein schmeichelndes Hochgefühl, neu und anders begehrt zu werden. Von einem Mann, der ihr vor Stunden noch völlig fremd war und der nun voller Leidenschaft ihre nasse Höhle massiert. Ohne schlechtes Gewissen, ohne Bedingungen.

„Gehen wir hinaus?", gurrt Marlon ihr heiser zu. Sie spürt, dass er sie spüren will. Ganz, für sich, für die Lust, die zwischen ihnen hängt wie ein Versprechen. Weil es Liebling-und-Schatz-Regeln gibt, die sie einhalten, beugt sich Frau Liebling zu Herrn Schatz, der Laras Lockenkopf zwischen seinen Beinen hält. Sie schauen sich an, wie verabredet, sie küssen sich und sie sind sich sicher, in diesem Moment: Der Freiraum, den sie sich geben, ändert nichts an der Liebe füreinander. Er ist kein Grund für Eifersucht, er ist ein Grund für Vertrauen. Noch mehr Vertrauen.

Ein bisschen irritiert ihn der Anblick plötzlich doch, als Herr Schatz durch das Fenster der Saunatür beobachtet, wie sich Marlon auf dem Bett ein Kondom überstreift und dann in seine Frau dringt. Und doch törnt es ihn vor allem an, Frau Liebling zu erleben, wie sie sich unter einem anderen Mann windet, der voller Lust und Leidenschaft seinen Freudenstab in ihr versenkt, während ihre Hände das Bettlaken festhalten, als wollte es ihr jemand wegnehmen.

„Ich will deine Zunge spüren!", raunt Lara plötzlich und setzt sich neben Herrn Schatz auf die Saunabank, die Beine weit geöffnet.

„Los, leck mich!", fordert sie ihn auf und fährt mit ihrem Zeige- und Mittelfinger genüsslich langsam über ihre verlockende Glut. Die Aufregung ist vollkommen verschwunden, die nackte Gier ist da. Herr Schatz spürt seinen Schwanz glühen, pulsieren. Er möchte diese wilde und noch ein wenig fremde Frau ficken, so wie seine Frau gerade gefickt wird. Aber was für ein köstliches Mahl, diese flutschigen Lippen, die sich vor ihm öffnen, während er seinen Schwanz gegen das heiße Saunaholz presst. Nein, das ist kein Partnertausch mit ungelenken Aufforderungen, es ist ein herrlich leichtes Spiel, das auch Lara und Herrn Schatz nach einer Weile aus der Hitze führt.

Unauffällig auffällig schleichen sie am Bett der beiden anderen vorbei, die auf einmal ihren wilden Fick unterbrechen.

„Ihr seht total geil aus", sagt Herr Schatz und er meint es so, in diesem Moment.

„Und ihr?", fragt Frau Liebling, die mittlerweile auf Marlon sitzt, mit ihren Händen auf seiner Brust.

„Wasser!", bringt Lara grinsend hervor, „Wasser!"

Was sie meint, ist die großzügige Regendusche im Badezimmer nebenan. Sie stellt das Wasser an und stützt sich mit beiden Händen gegen die Granitwand. Der warme Strahl prasselt auf ihren Rücken, ihre leicht gespreizten Pobacken wiegen sich wie eine Aufforderung hin und her. Der Kopf von Herrn Schatz möchte genauso platzen wie sein Schwanz. Oh wie sehr er diese Frau haben will! Aus seinem Kulturbeutel am Waschbecken zieht auch er ein Parisertütchen, rollt den Gummi über seinen harten Kerl und dringt mit einem Ruck in Lara ein. Ein langes, kehliges „Aaaahhhh" stößt sie hervor, fast jammernd. In ruhigen Stößen schiebt sich Herr Schatz vor und zieht sich dann bis zur Eichel wieder aus ihr zurück, er wird druckvoller und schneller und dann wieder ruhiger. Es ist ein berauschender Tempowechsel, und während Herr Schatz im Bad die orgiastischen Seufzer und Schreie von Frau Liebling und Marlon hört, als würden sie ihn anfeuern, steigert sich das Klatschen von Schatzens Lenden gegen Laras Po zu einem stakkatoartigen Applaus, bis erst sie, dann er in Orgasmen zucken und erbeben. Fast gleichzeitig beginnen ihre Beine zu zittern, während sie, beide vornüber gebeugt, stöhnend und japsend nach Luft schnappen.

„Holla!", ruft Marlon von drüben, vom Schlafzimmer. „Das war aber ein echtes Wasser marsch!"

„Ihr wisst schon, dass zu viel Wasser die Haut austrocknet?", schiebt eine hörbar übermütige Frau Liebling hinterher.

„Dann massiert uns doch mit extra viel Öl", kontert Lara.

Und das machen sie auch – nur erst abtrocknen und eine kleine Frischluftpause, alle vier nackt im Schnee auf dem dunklen Balkon. Dann fläzen sie sich zu viert nackt auf das Bett und beginnen, sich mit großen Mengen verführerisch duftendem Granatapfelöl zu beträufeln, das sie sich gegenseitig auf den Körpern verreiben. Arm, Bauch, Bein, Hals, Feige, Schwert, Fuß, Rücken, Busen, Nippel, Stab, Hand, Wange, Mund, Lustlippen, Pospalte, Eier … es ist ein einziges Flutschen und Glitschen und Kichern und Seufzen.

Ob es das Rauschhafte, das Neu-Gierige, das Orgienhafte ist, das sie in diesem Moment dazu treibt, auch die Grenzen von Weiblein und Männlein zu überschreiten? Arme und Beine und Finger und Zungen verknoten sich zu einem gemeinsamen Lustwesen, das sich in einem schier zeitlosen Zustand immer weiter erregt und mit sich selbst vögelt, bis der Jubel ihm den Verstand raubt. Und dann werden sie müder, die Streicheleien, die Leckereien und Küsse, müder und müder, und doch bleiben die vier dicht verknotet.

Nach einem kurzen Dämmern tapsen Frau Liebling und Herr Schatz ein Stockwerk tiefer in ihr Bett und schlafen überwältigt, aber erschöpft eng umschlungen ein.

Und es scheint fast schon ein Fieber der Geilheit zu sein, dass sie morgens, nach langem, tiefem Schlaf weckt und wieder zueinander führt, als sie unter der warmen Daunendecke in Löffelchenstellung wach werden, nackt.

„Ich möchte dich in mir spüren", flüstert Frau Liebling heiser. „Dich!" Weil sie seinen pünktlich zum Morgen anschwellenden Schwanz spürt.

Das behutsame Stelldichein der beiden ist wie eine gevögelte Liebeserklärung, seitlich im Liegen, fast bewegungslos. Manchmal scheint es so, als seien sie einfach nur miteinander verbunden, dann wieder bewegen sie sich im gleichen Takt. Und hören, wie Lara und Marlon, die treppab schleichen, innehalten, leise glucksen und wieder hinaufgehen. Als wollten sie ihrem verführten Paar Ruhe schenken.

„Ich liebe dich sehr, sehr, sehr", wispert Herr Schatz seiner Frau ins Ohr.

„Und ich dich erst", antwortet die, „noch viel, viel mehr – und geil war das schon …"

Tipps aus der Liebling- und Schatzkiste

- Ganz einfach – der doch nicht?

Frei ausgelebte Sexualität gab es in der Menschheitsgeschichte schon immer. Im Rom waren es wahre Orgien, im Barock Mätressen. Aaaaaber: Der Wunsch, die eigene, sexuelle Erlebniswelt zu öffnen und zu erweitern, braucht gerade in längeren Beziehungen viel Zeit und noch mehr Einfühlungsvermögen. Weil er, einmal ausgesprochen, viel verändern und manches in Frage stellen kann. Deswegen bitte: auf keinen Fall irgendwelche Drängeleien oder Überredungskünste einsetzen. Denn dann geht das Ganze nach hinten los – und aus geplantem Spaß wird erlebter Frust.

- Wege ins unbekannte Neue finden

Wollen jedoch nach einer Weile wirklich und ehrlich beide das Gleiche, nämlich eine gemeinsame erotische Begegnung mit einem anderen Paar, stellt sich die nächste wichtige Frage: Wie? Wahrscheinlich findet sich auch im Internet die beste Adresse (Empfehlung im Anhang, siehe Seite 221).

- Alles langsam angehen lassen

Alles, was dann passiert, sollte genau das Tempo haben, das einem auch wirklich behagt. Nicht drängen lassen, sondern im Spiel bleiben. Und wer weiß: Möglicherweise ist es ja erstmal ein gemeinsames Telefonat, ein Drink in einer Bar oder ein arrangiertes Treffen im Schutz einer Therme oder Sauna. Denn nur, wenn sich beide sicher sind, dass es bei allen vieren passt, öffnen sich auch wirklich neue Welten.

Aus therapeutischer Sicht: Einladung zum erotischen neugierigen Aufbruch

„Der Hafen der Ehen ist wie alle anderen Häfen. Je länger die Schiffe in ihnen liegen, umso größer ist die Gefahr, dass sie rosten", behauptete der irische Dramatiker und Satiriker George Bernard Shaw.[6]

Was für die Ehe gilt, gilt im Besonderen für die Erotik und Sexualität. Freilich, das Bekannte und auch die gegenseitige erotische Berechenbarkeit schaffen jenes Fundament, das uns die Sicherheit schenkt, uns ineinander beziehungsweise miteinander fallen zu lassen. Diese Sicherheit ermöglicht Paaren jenes Grundgefühl sexuellen Verstehens, das es für erotisch-sinnliche Spiele braucht, um sie wirklich kopflos zu genießen. Und diesen Hafen braucht es ... Doch Häfen sind eben nicht dafür da, sich häuslich einzurichten. Im Gegenteil. Sie bilden die Basis für Aufbruch, Loslassen, Hinausfahren ...

Das Vertraute einer gemeinsam erlebten sexuellen Geschichte lädt ein, gelegentlich den Anker zu lichten und sich miteinander treiben zu lassen – hinaus in das Neue, vielleicht Unbekannte. Aus der Geborgenheit des erotischen Willkommen-Seins lohnt es sich die Segel zu setzen und zu neuen Erfahrungen aufzubrechen.

Zweifellos reizt so ein Gedanke. Und die Träume von neuen erotischen Erlebnissen, ob für sich allein oder mit dem Partner, sind jedem von uns vertraut. Doch gilt es zwischen Fantasien und Wünschen zu unterscheiden. Fantasien sind nicht unbedingt zum Aus- und Erleben gedacht. Sie sind schöne, erregende Vorstellungen und Bilder, aber eben nur als Bilder erregend. Wünsche hingegen sind Gedanken und Vorstellungen, die nach Erfüllung drängen. Sie sind

---

6 *Duden. Das große Buch der Zitate und Redewendungen.* Dudenverlag, Mannheim 2002.

Teil einer zu erlebenden Sexualität und werden in ihrem Drang nach Realisierung immer stärker.

Liebling und Schatz erzählen in ihren großen Abenteuern von besonderen Erlebnissen, die auf ihren Wünschen fußen. Damit erkennen und bejahen sie füreinander und miteinander, dass das erotisch-sexuelle Portfolio ebenso einer Veränderung unterworfen ist, wie es Essgewohnheiten, Hobbys oder Interessen sein können.

Damit wissen beide aber auch, dass der zu Beginn der Beziehung stillschweigend-selbstverständlich geschlossene sexuelle Exklusivvertrag kein auf immer und ewig in Stein gemeißeltes Versprechen ist, sondern vielmehr ein laufend auszuhandelnder, den individuellen Entwicklungen unterworfener Verhandlungs- und Abstimmungsprozess, der von beiden aktiv und lebendig geführt wird.

Liebling und Schatz haben jeweils für sich geklärt, was Fantasien bleiben sollen – und was realisierbare Wünsche sind. Liebling und Schatz zeigen Selbstfürsorge und Selbstbewusstsein, indem sie individuell für sich entschieden haben, welche Wünsche für die gemeinsamen Abenteuer vorgeschlagen werden und welche jeder für sich allein behalten möchte.

Liebling und Schatz haben in ihrer „Hafen-Liegezeit des Beziehungsalltags" gelernt, respektvoll und zugetan miteinander zu reden. Das erleichtert es beiden, die bisher geheim gehaltenen Intimwünsche in das erotische Miteinander einzubringen – ohne Angst vor Abwertung oder Zurückweisung.

Liebling und Schatz haben sich selbst und einander gefragt:
- Was trau ich mir selbst zu?
- Was kann und will ich meinem Partner zumuten?
- Wohin wollen wir erotisch aufbrechen, wie gehen wir mit uns selbst und miteinander um, wenn wir tatsächlich dort sind?
- Wie kommen wir auch wieder sicher in unseren liebgewonnenen und ebenso attraktiven Hafen der Exklusivität zurück?

Liebling und Schatz haben eine Fähigkeit, die für den Bestand moderner Paarbeziehungen wichtig ist: die Kompetenz des Navigierens. Das Navigieren zwischen eigenen Bedürfnissen und Wünschen und den kommunizierten, besprochenen, ausgehandelten und erlaubten erotischen Landausflügen entlang der gemeinsamen Liebesroute.

Liebling und Schatz schaffen es – mal mehr, mal weniger gut – ihr erotisches Traumschiff gemeinsam auf Kurs zu halten. Sie erlauben sich, an der einen oder anderen Wunschinsel vor Anker zu gehen, sich dort aber nicht zu verlieren, sondern in respektvoller Kenntnis um den ausgemachten und ausgehandelten Kurs auch wieder in das gewohnt-vertraute Fahrwasser zurückzukehren.

Das ermöglicht es beiden, den einen oder anderen Landausflug allein zu bestreiten. Liebling und Schatz wissen auch mit so manch sexuellem Sirenengesang umzugehen, der zwar attraktiv erscheint, verlockend anmutet, aber eben auch die Exklusivität ihrer Liebesbeziehung gefährden könnte. Dieses Verhalten erzeugt die Sicherheit und das Vertrauen, dass beide verantwortungsvoll und liebevoll mit sich und dem Partner umgehen. Und genau diese Fähigkeiten sind es, die den Aufbruch aus dem sicheren Hafen zu großen erotischen Abenteuern ermöglichen und somit auch die langjährige Beziehung der beiden lebendig gestalten.

EIN PAAR WORTE ZUM SCHLUSS

Das Chaos im Alltag lässt sich nicht einfach so beseitigen oder abstellen. Es ist da, nicht in den Griff zu kriegen und manchmal, da überrollt es einen regelrecht. So jedenfalls geht es Frau Liebling und Herrn Schatz, und das Verfassen dieses Buches hier hat daran – ehrlich geschrieben – nichts geändert. Ganz im Gegenteil. Gerade weil wir über dieses Chaos neben dem „normalen" Leben und der „normalen" Arbeit – also morgens, abends, an den Wochenenden oder im Urlaub – geschrieben haben. Gut, natürlich ist es pure Erleichterung, wenn man bei vertrauensvollen Gesprächen mit Freunden und dann auch beim Schreiben merkt, dass es bei anderen genauso zugeht wie bei uns. Aber deshalb sortiert sich ein ganz normaler Elternalltag auch nicht einfach so um.

Und trotzdem: Wir haben in den Gesprächen mit dem Paar- und Sexualtherapeuten Bernhard Moritz, der unserem Buch einen wirklich hilfreichen Rahmen gibt und uns dabei mit vielen sachdienlichen Tipps und Erklärungen bereichert, viel gelernt und verstanden. Über uns. Zum Beispiel, dass unsere verschiedenen Rollen im Paar-Eltern-Berufs-Leben – jeder von uns kam auf mindestens fünf – tagtäglich, nein, sogar stündlich variieren. Ist doch klar, dass man da durcheinander kommt und dass die Rolle des Liebespaares (nicht nur des Paares) manchmal untergeht, vermischt wird mit anderen oder ausgespielt durch andere Rollen. Mal ganz abgesehen davon, dass man sich natürlich obendrein auch immer wieder fragt, ob das denn überhaupt „normal" und erlaubt ist, was man da zu erzählen hat, und was denn die anderen dazu sagen würden. All die Verwandten, Bekannten, Kollegen und Freunde beispielsweise, die uns nichts Verwegenes, Verruchtes, Versautes erzählt haben.

Ja, wir haben schon einige Bücher zum Thema Sex und Partnerschaft gelesen und immer wieder festgestellt, dass wir – im Gegensatz zu so manch anderen „ehrlichen" Ratgebern – eigentlich ziemlich viel Spaß an Sex haben. Allerdings mussten wir, was merkwürdig klingen mag, uns den Spaß auch in vielen Jahren erarbeiten. Spaß fällt nämlich viel zu selten vom Himmel. Die Wahrscheinlichkeit, dass er auf einem weißen Schimmel dahergeritten kommt, ist eher gering. Wie so oft entsteht Spaß tatsächlich durch Machen, Tun, Ausprobieren, Scheitern, Wiederholen ...

Leicht ist die Sache mit dem Spaß keineswegs: Bei der Suche nach unserer gemeinsamen Sexualität als Eltern gab es auch Tränen und Streit, Versuchung und Zurückweisung. Und natürlich hüpften uns immer wieder die passenden Ausreden in unsere Köpfe und Münder – von wachen über kranke oder anstrengende Kinder bis zu Müdigkeit, Stress, Verabredungen und falscher Uhrzeit. Was man eben so sagt, wenn einer von beiden keine Lust hat. Aber wir wussten irgendwie immer, dass wir unsere Lust auf Sex und Erotik nicht aufgeben wollten, weil beides als Nebensache eigentlich viel zu schön ist.

Deswegen hieß Erarbeiten für uns: sprechen. Irgendwann, wir wissen gar nicht mehr, wann genau, haben wir begonnen, mehr über unser Sexleben zu sprechen. Über unsere Wünsche und Ängste, Träume und Sehnsüchte – ohne dabei in richtige und falsche Vorstellungen zu unterteilen. Einfach nur mal die Ideen und Gedanken des anderen anzuhören – ohne sie gleich mit einer großen Tirade an Einwänden niederzumachen.

Manche dieser Ideen und Gedanken brauchten Zeit, um zu Vorstellungen zu reifen. Sie brauchten auch Zeit, um an „Schrecken" zu verlieren und um überhaupt erst spannend und interessant zu werden. Eigentlich haben wir einfach nur experimentiert, aber schon das hat uns wacher, achtsamer und neugieriger gemacht. Manche Vorstellungen befanden wir als gut für beide, andere haben wir schnell verworfen.

Das Schöne aber: Wir entdeckten, dass wir in Alltag und Chaos tatsächlich Gesten und Berührungen fanden, die wir liebevoll zwischendurch erwidern konnten, ohne sie gleich als „blöde Anmache" ins Leere laufen zu lassen. Und wir stellten dabei fest, dass es in solchen Momenten nicht um die Aufforderung zum Vollzug des Geschlechtsaktes – sprich: nur ums Ficken – geht, sondern um Bekundungen des Begehrens. Und dass es verdammt schön ist, wenn man spürt, dass man begehrt wird. Ob das der Grund dafür ist, dass wir öfter eng umschlungen oder händchenhaltend durch die Stadt laufen und Nähe auf eine unkompliziertere Art zulassen können?

Aber noch mal zum Mitschreiben: Das Chaos und die Schnappatmung sind geblieben. Wir und manche unserer Freunde haben einfach nur gelernt, uns dagegen zu wehren. Prioritäten zu setzen. Statt Elternzeit auch Paarzeit einzufordern. Und auch unseren Kindern gegenüber klar zu artikulieren, dass wir regelmäßig Abende FÜR UNS brauchen. Dass wir nur gute Eltern sein können, wenn wir ein glückliches Paar sind. Dass es Grenzen und Tabus für sie uns gegenüber gibt, wie sie es auch umgekehrt für sich einfordern. Das gibt einen erstaunlichen Spielraum. Zum Lieben, zum Sex.

Wir wollen Ihnen, liebe Leserin und lieber Leser, also nicht vorschreiben, wie Sie Ihr Sexleben besser in Ihr Alltagschaos einbinden können. Aber vielleicht geben wir Ihnen etwas Mut, sich Ihre Paarzeit zurückzuerobern. Klar, ein Wort wie Mut ist leicht geschrieben. Aber wie kann man damit beginnen? Wie bricht man diese erstarrte Schicht auf, die sich oft fast unmerklich über das Sexleben gelegt hat?

Allem voran steht die Frage: Wollen Sie mit Ihrem Partner überhaupt Sex haben – wollen Sie mit ihm eine Paarbeziehung leben? Wenn Sie sich dazu bekennen, dass Sie mit Ihrem Partner Sex haben wollen, sind Sie schon einmal ein ganzes Stück weiter. Wenn Sie dann dieses Bekenntnis auch Ihrem Partner oder Ihrer Partnerin gegenüber kommunizieren, wissen Sie beide, dass Sie eine Gemeinsamkeit mehr haben. Und eine tolle Grundlage.

Sie werden in Ihrem Alltagsleben nicht immer – oder nur sehr selten – die optimalen Bedingungen vorfinden, um perfekten Sex zu haben. Also denken Sie an das Prinzip: Carpe diem. Nutze den Tag. Was man bei uns Eltern im Alltagschaos eher übersetzen sollte mit: Nutze die Gelegenheit. So eine Gelegenheit kann spontan entstehen: beim Fernsehen. Bei der abendlichen Bettlektüre (die ja auch mal in eine kleine erotische Vorlesestunde umgedeutet werden kann). Beim Bügeln. Beim Spülen (wenn er die Hände so schön hilflos im Spülwasser versenkt hat, können Sie ihm allemal von hinten den Rücken kraulen, den Po, die Eier, den Schwanz). Versuchen Sie einfach häufiger, Nähe herzustellen, Berührungen hinzunehmen. Ohne Druck, ohne Erwartung, dass daraus gleich ein filmreifer Fick entsteht.

Mindestens genauso wichtig und schön sind die gemeinsamen Verabredungen zum Sex. Genauso wie Sie sich eben auch mit Ihren Freunden für den Kinobesuch oder einen Abend in der Kneipe verabreden oder regelmäßig in Ihre Sportstunde gehen. Vielleicht gelingt es Ihnen ja sogar, Ihren regelmäßigen, gemeinsamen freien Abend im Terminkalender zu blocken. Aber bitte ohne das ganz große Orchester! Manchmal tut es ja schon ein gemeinsames Essen oder ein Drink, bei dem man sich wieder ein bisschen näherkommt, bei dem man nicht nur über Arbeit oder Kinder redet, sondern über sich – über sich als Paar.

„Unperfekter Sex ist besser als kein Sex", schreibt der Therapeut Bernhard Moritz in unserem Buch. Der Satz ist gut und wichtig, weil wir immer und überall zu Perfektion getrieben werden. Perfekter Beruf. Perfekte Kinder. Perfekte Ehefrau. Perfekter Ehemann. Perfekte Körper. Perfekte Biografien. Perfekte Sprachkenntnisse. Perfekte Hobbys. Perfektes Wissen. Perfuck! Vor lauter Angst, dass unsere unperfekten Körper eben keinen perfekten Sex machen, verzichten wir lieber ganz drauf!!

Schön blöd, finden wir. So wie wir eben auch mal eine Präsentation abgeben, die nicht summa cum laude ist, einen Kunden nicht optimal beraten haben, weil wir mit den Gedanken anderswo waren, oder heimlich über unsere Kinder seufzen, weil die in der Schule so ganz und gar nicht durch perfekte Performance glänzen, so haben wir eben auch mal unperfekten Sex. Keine feuchte Muschi, keinen Orgasmus, keinen richtigen Ständer, keine Lustwoge, die uns die Sinne raubt. Na und? Ist halt so, wird auch mal wieder anders. Hatten wir wahrscheinlich sogar während unserer Verliebtheit, haben es aber im Hormonrausch gar nicht bemerkt. Aber jetzt, in Zeiten von Mangel und Verzicht, liegt ja ohnehin alles auf der Goldwaage: jedes Wort, jede Berührung, jedes Stöhnen. Wenn wir dann auch noch in unserer Intimität gestört werden, kommt das schreckliche Gefühl der Peinlichkeit noch dazu. Will keiner. Braucht keiner. Kommt aber trotzdem vor – und das eigentlich höchst selten. Wenn wir die Schere im Kopf aber schon hier ansetzen, dass die Kinder ins Schlafzimmer platzen könnten, dass das mit neuem Spielzeug sowieso nur schiefgehen kann, dass wir uns heute um zwei Kilo zu fett fühlen (die außer uns keiner sieht) und uns deshalb der Partner eh unsexy finden wird, könnten wir allesamt gleich ins Kloster übersiedeln. Da kommen wir wenigstens nicht in Versuchung.

Mal ehrlich: Ist es nicht viel köstlicher, für trockene Zeiten ein paar saftige Anekdoten parat zu haben, wie und wo wir während unseres Liebesspieles in Peinlichkeiten geraten sind? Und wenn wir schlussendlich alle Lebensfettnäpfchen zusammenzählen, dann sind die mit dem Sex immer noch heillos in der Unterzahl. Stimmt's? Na also.

Ach so, noch was: Manchmal kommt man in seinem Liebesleben an einen Punkt, an dem man etwas ausprobieren möchte, etwas, das über die bisherige Art des Liebesaktes mit dem Partner hinausgeht. Man spürt die Abenteuerlust in sich aufsteigen, fühlt eine „dunkle" Seite in sich, eine sexuelle Verwegenheit, die man gern ausprobieren würde. Was tun? Wie dieses Bedürfnis angehen? Auch hier gilt: Reden. Sprechen. Quatschen. Oft ist es ratsam, nicht gleich mit der

Tür ins Haus zu fallen, sondern vorher anzuklopfen oder zu klingeln. Weil manche Wünsche ziemlich überraschend daherkommen können. Aber haben Sie keine Angst davor, sie zu kommunizieren. Denn es gibt keine falschen oder richtigen sexuellen Bedürfnisse. Falls irgendwelche Vorstellungen tatsächlich Entsetzen, Ekel oder Angst auslösen, gibt es Therapeuten, die professionell und diskret moderieren können. Dazwischen aber gibt es jede Menge Spielvarianten, die – beflügelt auch durch Bestseller wie Charlotte Roches „Feuchtgebiete" oder E. L. James' „Shades of Grey" – in der Mitte unserer Gesellschaft angekommen sind: Fesselspiele, der Besuch in Erotik- oder Swingerclubs, private Dates mit anderen Pärchen, mit oder ohne Partnertausch …

Grenzen sind dazu da, sie abzustecken, und manchmal auch, um sie zu überschreiten. Wie weit, sei jedem selbst überlassen. Wenn Ihr Partner Sie in eine neue Welt sexueller Abenteuer einladen möchte, lehnen Sie nicht sofort ab. Lassen Sie den Gedanken sacken, bitten Sie sich Bedenkzeit aus. Fragen Sie sich, wie viel Sie von seinem Vorschlag annehmen können, ohne sich selbst zu verraten – beziehungsweise gestehen Sie all dies Ihrem Partner zu, wenn Sie der- oder diejenige sind, der zu neuen Abenteuern strebt. Wenn Sie auf die neue Spielart eingehen wollen, recherchieren Sie gemeinsam (wenn das nötig ist) oder besorgen Sie zusammen die Utensilien. Sagen Sie nur dann einem Pärchentreffen zu, wenn Sie beide mit der Wahl gleichermaßen einverstanden sind. Vereinbaren Sie klare Spielregeln, wo die absoluten Grenzen sind, ab wann gewisse Sachen abgebrochen werden – und halten Sie sich strikt daran. Dass sich Ihr Partner darauf einlässt, ist ein großer Vertrauensbeweis Ihnen gegenüber. Alleingänge im Grenzgebiet sind hingegen gefährlich und nicht gerade friedenstiftend. Ein Vertrauensbruch hier kann irreparabel sein.

Unser Fazit jedenfalls: Doch. Ja. Es geht: Alltag und Beziehung, Kinder und trotzdem Spaß am Sex. Und wenn nur eine unserer Geschichten Sie, liebe Eltern, liebe Leserinnen und Leser, ein wenig um den Schlaf gebracht hat, dann hätten sich unsere schlaflosen Nächte wirklich gelohnt. Beim Schreiben und beim Ausprobieren.

ANHANG

Spielanregungen vom Paar- und Sexualtherapeuten Bernhard Moritz

Von selbst geht in langjährigen Beziehungen nichts mehr, besonders wenn es um Sex und Erotik geht. Und viele Paare stellen sich die Frage: Wie kommen wir zurück zu Spielfreude und Leichtigkeit? Hier einige Impulse, wie Sie wieder in den erotischen Spielmodus miteinander gelangen können.

Tour d'Amour

Gehen Sie in Ihrer Fantasie durch Ihre Wohnung und verbinden Sie Örtlichkeiten mit erotischen Wünschen, die Sie an diesen Orten erfüllt haben möchten (am Küchentisch, vor/auf der Anrichte, in der Garage, an der Garderobe, ...). Beschriften Sie für jeden dieser Orte Post-its, auf denen Sie Ihre Ideen genau beschreiben.

Die kleine Tour d'Amour durch die Wohnung kann als Ideenspeicher dienen – und an kinderfreien Tagen oder Abenden etappenweise durchgespielt werden.

Wunschbox

Kaufen Sie sich eine kleine Box, die Sie an einem für Sie passenden Ort aufstellen. Füllen Sie diese Box mit ihren jeweilgen erotischen Wünschen. Die Box soll ein unkommentierter Ideenspeicher sein. Jeder der beiden kann gelegentlich, wenn er Lust hat, reinschauen, die Zettelchen durchlesen und sich für sich Ideen für gemeinsame erotische Zeiten holen. Je genauer und konkreter Sie ihre Wünsche und Ideen beschreiben, umso besser.

Voraussetzung für einen entspannten Umgang mit den Wünschen ist, dass sie als Einladung gesehen werden und nicht mit dem Druck der unbedingten Erfüllung. Wichtig ist: Jeder darf sich aus dem Ideenpool das rausnehmen, was er gern tut.

Erotisches Storytelling

Kuscheln Sie sich gemeinsam gemütlich ins Bett. Schalten Sie das Licht aus. Einer von beiden beginnt eine ihm vertraute, vielleicht aber für den Partner nicht so bekannte Szene aus seinem Alltag zu erzählen.

Der Partner steigt ins Erzählen ein und entwickelt die Geschichte weiter. Aufgabe ist es, nach und nach aus der Alltagsgeschichte eine erotische Erzählung werden zu lassen.

Varianten

- Sie können auch ein erotisches Drehbuch gemeinsam entwickeln. Sie können einander während des Erzählens gegenseitig streicheln – aber nicht zu schnell und zu zielorientiert. Genießen Sie es, durch die Geschichten erregt zu werden und erregt zu sein.
- Sie können sich während des gegenseitigen Erzählens auch selbst streicheln. Im Dunkeln beflügelt die Vorstellung, dass der Partner sich neben einem selbst streichelt.

Erotische Einladungskarten

Beide Partner kaufen sich kleine Kuverts in vier verschiedenen Farben und füllen die darin befindlichen Karten mit ihren erotischen Wünschen aus; aufgeteilt in folgende vier Kategorien: Wild-Card (wilde, erotische Spiele), Romantic-Card (romantischer Sex), Exotic-Card (exotische Spielvarianten der Erotik), Inspire-Card (erotische Erweckungs-Ideen). Jeder füllt die Karten für sich aus.

Was ist für mich wilder Sex, was finde ich romantisch, was exotisch – und womit kann mich mein Partner erotisch erwecken?

Über diese Einladungskarten kann jeder für sich selbst verfügen. Man kann sie dem Partner am Morgen zur Arbeit mitgeben. Man kann sie dem anderen am Abend auf der Couch überreichen. Man kann sie auf das Kopfkissen legen... Wichtig ist, dass es zwischen Einladung und der Erfüllung einen zeitlichen Abstand gibt.

Die Einladung kann einfach angenommen oder mit einer Bemerkung auf einen späteren Zeitpunkt verschoben werden. Nach Erfüllung wird die Einladung wieder zurückgegeben.

Links und Adressen

Diverse Webseiten rund um Erotik und Sex

www.joyclub.de (auch gut geeignet für die Suche nach anderen Paaren oder geeigneten Fotografen für erotische Shootings)
www.erosa.de
www.Erotikinsider.com

Onlineshops für Dessous und Sex-Spielzeug

www.agentprovocateur.com
www.ars-vivendi.de
www.blush-berlin.de
www.darling-frivole.de
www.dildo-goettin.de
www.verwoehndich.de

Bezugsquelle für erotisches Malset:
www.loveisartkit.com

Erotikfilme, die Lust machen

Im Internet (gebührenpflichtig und frei ab 18 Jahren)
www.lustcinema.com
www.petrajoyvod.com
www.x-art.com

Auf DVD
Jennifer Lyon Bell (u. a. „Skin.Like.Sun" oder „Matinée")
Petra Joy (u. a. „Feeling it!" oder „Her Porn")
Innocent Pictures (u. a. „All about Anna" oder „Constance")
Erika Lust (u. a. „Life Love Lust" oder „Cabaret Desire")

Tantra
Auf Video
DVD-Reihe des Tantra-Experten Dirk Liesenfeld

Tantra-Massage-Studios in Deutschland
www.amaris-massage.de (München)
www.ananda-massage.de (Köln)
www.kashima.de (Berlin)

Weitere Adressen:
www.tantramassage-verband.de
www.lovebase.com (Berlin)

Erotische Partys

www.xklusiv.de
www.party-pikant.de
www.eroluna.de

Das Buch über die Nacht der Masken:

Ines Witka: *Die Nacht der Masken.* Gatzanis, Stuttgart 2010.

Kuschel- und Liebeshotels

www.alpenlove.at (Seefeld)
www.hotel-gams.at (Bezau)
www.hotel-orient.at (Wien)
www.hotelamourparis.fr (Paris)
www.desire-resort.de (Mexiko)
www.propeller-island.de (Berlin)
www.adamevehotels.com (Türkei)

Weitere Adressen:

www.loveroom.ch

Erotische Clubs

www.insomnia-berlin.de (Berlin)
www.kitkatclub.org (Berlin)
www.dasarkanum.de (München)
www.schloss-milkersdorf.de (Milkersdorf)

Liebling & Schatz

im Internet:
   www.lieblingundschatz.com
bei Facebook: facebook.com/
   lieblingundschatz
bei Twitter: Liebling & Schatz
   (@lieblingschatz)

Wir danken...

...Bernhard Moritz für seine Zündung, seine funkenden Ideen und Gedanken und seine Überzeugungskraft.

... Ina Raki für Präzision, Feingefühl und Freude bei ihrem sündigen Lektorat – und für ihre Kunst, Leitplanken zu bauen.

...den südwestlichen Damen Silke Kirsch, Stefanie Heim und Daniela Völker für ihre Unternehmungslust und ihre Entscheidungsfreude.

...Diana Bartl für ihre Fähigkeit, nicht nur Gesichter zu fotografieren, sondern auch Herzen.

...denjenigen Freunden, die wissen, dass sie gemeint sind, für ihr schier grenzenloses Vertrauen.

...unseren Kindern für ihr wohltuendes Desinteresse und ihre noch wohltuendere Geduld.

...unseren Müttern für ihre Nachsicht.

...Jasmin für ihren fachfraulichen Rat.

...Lutz und Jobst für ihren fachmännischen Rat.

...zwei stürmischen Sonneseglern für ihren frischen Wind.

...Martina Weiser für ihre tantrische Güte.

...dem Computer-Retter FPJ für seine lebenserhaltende Hilfe und seine motivierende Neugier.

...und natürlich vielen, vielen Elternpaaren, denen es genauso geht wie uns.

ISBN 978-3-517-08903-4

© 2013 by Südwest Verlag, einem Unternehmen der Verlagsgruppe Random House GmbH, 81673 München

Alle Rechte vorbehalten. Vollständige oder auszugsweise Reproduktion, gleich welcher Form (Fotokopie, Mikrofilm, elektronische Datenverarbeitung oder andere Verfahren), Vervielfältigung und Weitergabe von Vervielfältigungen nur mit schriftlicher Genehmigung des Verlags.

Lektorat: Ina Raki
Umschlaggestaltung und Konzeption: zeichenpool, München, unter Verwendung eines Fotos von shutterstock/CCat82 (Hintergrundmotiv); Hasen: zeichenpool
Layout und Satz: Nadine Thiel | kreativsatz, Baldham
Druck und Verarbeitung: GGP Media GmbH, Pößneck

Printed in Germany

FSC MIX Papier aus verantwortungsvollen Quellen FSC® C014496

Verlagsgruppe Random House FSC-DEU-0100
Das für dieses Buch verwendete FSC®-zertifizierte Papier *Munken Premium* liefert Arctic Paper Munkedals AB, Schweden.

817 2635 4453 6271